装配式混凝土梁
典型病害特征、成因及危害
（第2版）

王 昊 郭保林 朱振祥 郭 洪 著

中国建材工业出版社
北京

图书在版编目（CIP）数据

装配式混凝土梁典型病害特征、成因及危害 ／ 王昊等著. -- 2版. -- 北京：中国建材工业出版社，2024.6
ISBN 978-7-5160-4106-2

Ⅰ. ①装… Ⅱ. ①王… Ⅲ. ①高速公路－装配式混凝土结构－桥梁结构－病害－研究 Ⅳ. ①U448.38

中国国家版本馆CIP数据核字（2024）第069062号

内 容 简 介

本书重点介绍了高速公路桥梁工程中预制小箱梁、预制T梁、预制空心板梁的典型病害，结合混凝土材料性质、模板支撑体系、施工工艺、工人作业习惯、混凝土劣化规律、钢筋锈蚀条件等，分析了常见病害的典型特征、可能的产生原因及对结构使用功能的危害，为新建项目的高品质建设和在役桥梁状况的科学评价与维护提供借鉴。

本书可为从事桥梁建设管理、结构设计、施工管理、工程检测、运营维护领域的技术人员使用，也可为大专院校桥梁工程专业师生参考。

装配式混凝土梁典型病害特征、成因及危害（第2版）
ZHUANGPEISHI HUNNINGTULIANG DIANXING BINGHAI TEZHENG、CHENGYIN JI WEIHAI（DI-ER BAN）
王 昊 郭保林 朱振祥 郭 洪 著

出版发行：中国建材工业出版社
地　　址：北京市西城区白纸坊东街2号院6号楼
邮　　编：100054
经　　销：全国各地新华书店
印　　刷：北京雁林吉兆印刷有限公司
开　　本：787mm×1092mm　1/16
印　　张：5.75
字　　数：130千字
版　　次：2024年6月第2版
印　　次：2024年6月第1次
定　　价：98.00元

本社网址：www.jccbs.com，微信公众号：zgjcgycbs
请选用正版图书，采购、销售盗版图书属违法行为
版权专有，盗版必究。本社法律顾问：北京天驰君泰律师事务所，张杰律师
举报信箱：zhangjie@tiantailaw.com　　举报电话：（010）63567684
本书如有印装质量问题，由我社事业发展中心负责调换，联系电话：（010）63567692

作者简介

王 昊：研究员，山东高速股份有限公司副总经理，长期从事高速公路的建设与管养工作，主持建设京台高速德州至泰安段改扩建等重大项目，获得山东省"高速公路突破 2000 公里"先进个人和"公路建设质量年"先进个人，山东省富民兴鲁劳动奖章；获得山东省科技进步二等奖 1 项，国家专利、软件著作权 10 余项，出版著作 2 部。

郭保林：研究员，山东省交通科学研究院桥隧研究室主任，参与国内 20 余个省份的 400 余项桥梁、隧道、地铁、管廊、房建及核电站等工程项目的混凝土施工期缺陷和运营期病害的分析及处置工作；获得"全国交通建设工匠""全国公路优秀科技工作者""山东交通大工匠""山东优秀发明人""山东省先进工作者"等荣誉称号；获得省部级科技成果奖励 8 项，国家发明专利授权 40 余项，参编国标、行标、团标 12 部，发表论文 30 余篇。

朱振祥：正高级工程师，山东高速股份有限公司工程养护部部长、桥隧养护工程师，负责高速公路的养护管理工作，在桥梁养护与维修加固方面积累了丰富的经验，多次获得中国公路学会、中国交通运输协会科学技术奖，发表论文 20 余篇，获国家专利授权 10 项，参编国标、行标、团标 3 部。

郭 洪：研究员，山东高速股份有限公司副总工程师，在桥隧结构病害分析及处置方面积累了丰富的实践经验；主持多项交通运输部科技推广项目和山东省交通运输厅科技创新项目，获得山东省科学进步一等奖 1 项，发表论文 30 余篇，获国家专利授权 20 余项，参编国标、行标、团标 5 部。

Foreword 序 言

近些年，公路交通行业大力推广预制拼装工艺，上部承重构件如箱梁、T梁和空心板梁绝大部分采用集中预制，工程建造品质有了显著提高，但仍有一些构件在使用过程中出现了较为严重或普遍的病害。统计分析发现，运营期出现的病害大多来自于设计不够细致、施工不够规范、维护不够合理，尤其是设计、施工、维护三个阶段缺乏有效交流，导致彼此之间的想法未得到其他方面的理解和支持。

病害分析工作需要对基本概念和基础知识理解深刻，对设计意图、施工工艺、材料特性和维护措施了解全面，还需要大量的实体工程来试验和验证；缺少任何一个环节，就有可能得到完全不一致的结论。分析应着眼于病害的宏观表现和具体细节，要综合考虑结构构造设计、建筑材料性质、施工工艺特点、施工期环境条件、运营期环境作用、维护方式和效果等诸多方面，要立足事实，发挥想象，提出假设，调查取证，反复推演，直至找到符合病害产生与发展规律的最有可能的路径。

回顾多年的病害分析工作，唯一能确定的是某一具体构件的某一具体病害的产生和发展只有一条途径，无论其发生和演变过程是复杂的还是简单的。不同专业背景和工作经历的人，对同一个病害的看法有分歧甚至完全相左也属正常，需要从不同的角度审视其他人的看法，努力去理解不同于自己的部分。本书努力尝试从多个角度来分析常见病害的产生和发展过程，希望能给读者提供一个分析病害的视角。

2024年2月

Preface 前言

预制小箱梁、预制 T 梁、预制空心板梁是高速公路桥梁工程中数量占比大、使用时间长的桥梁上部承重构件,大量的工程调研发现,装配式混凝土梁在使用一段时间后会出现诸如混凝土裂缝、混凝土(浆体)剥落、钢筋锈胀甚至钢绞线锈蚀等病害。通过调查、总结、分析后发现绝大部分的病害是施工质量不佳或施工缺陷未及时有效处置,在冻融循环、除冰盐侵蚀、干湿循环等环境作业和荷载作用下不断发展的结果。常规的桥梁状况检测评定大多聚焦于对病害的描述,如病害类型、基本性状、分布范围、数量统计,维修加固设计也是参照相应的规范对常见病害给出通用的处置方案,而对病害产生原因、发展趋势及其对结构使用功能的影响考虑不够深入,这也是病害处置长效性不佳的重要原因。厘清常见病害的表现形式、产生原因及其发展路径,对于理解其对结构安全性、耐久性与适用性的影响至关重要,也是运营期维护方案选择的重要依据。

本书所涉及的病害案例均来自笔者现场调查或参与分析的山东、广东、四川、河南、河北、甘肃、云南、内蒙古等地的高速公路桥梁工程。本书的出版得到了山东高速股份有限公司和山东省交通科学研究院的资助,病害案例的收集得到了山东省桥隧工程维养技术及新材料行业研发中心、山东省在役桥梁性能评估及提升行业重点实验室的大力协助。

第一版出版以来,收到来自全国各地读者的若干反馈意见,有要求补充结构受力分析的,有要求尽可能提供实测数据的,有要求给出具体病害处置方案的……

大家的批评意见极大地促进了我们对事物认识水平的提高,此次修订的重点是个别病害的表述和代表性病害图片的替换,在此对提出修改意见的清华大学廉慧珍教授、覃维祖教授和山东省交通科学研究院的同事姜瑞双、宋兰平、郭永智、刘帅等一并表示感谢。

需要说明的是,本书不是手册类的工具书,写作的初衷是通过一些桥梁病害素材，表达著者对病害的理解，引发从业者的思考，希望本书能够为混凝土桥梁的建设、设计、施工、检测、运营、维护人员提供病害分析的思路。鉴于病害产生的原因有很多，荷载和环境的作用时间不确定，加之作者的水平和阅历有限，书中不当之处在所难免，敬请同行不吝赐教（郭保林信箱 gbl-jn@163.com）。

著　者

2024 年 3 月

contents 目 录

1 预制小箱梁 — 1

1.1 预制小箱梁腹板 — 2

1.2 预制小箱梁底板 — 16

1.3 预制小箱梁翼缘板 — 25

1.4 预制小箱梁横隔板 — 30

1.5 预制小箱梁后浇带 — 33

1.6 预制小箱梁湿接缝 — 35

2 预制 T 梁 — 41

2.1 预制 T 梁腹板 — 42

2.2 预制 T 梁马蹄 — 49

2.3 预制 T 梁翼缘板 — 54

2.4 预制 T 梁后浇带 — 58

2.5 预制 T 梁横隔板 — 59

3 预制空心板梁 — 63

3.1 预制空心板梁底板 — 64

3.2 预制空心板梁腹板 — 73

3.3 预制空心板梁翼缘板 — 79

1 预制小箱梁

预制小箱梁是装配式梁桥常用的上部结构形式之一，常用跨径 20～45m，有简支梁和简支转连续梁两种，底板宽度多为 100cm，底板厚度 18～36cm，腹板厚度 18～32cm，顶板厚度 18～20cm，梁距一般 280～340cm。相同跨径、角度的简支梁或简支转连续梁的钢绞线数量及各孔道的钢绞线配置，不同设计单位的取值不尽相同，有时差异较大。

工程调研发现，预制小箱梁的底板、腹板、翼缘板、横隔板、湿接缝、后浇带等部位均存在一些普遍的病害，如梁体渗水、混凝土裂缝、不密实、表面浆体剥落及钢筋锈蚀等，其中以混凝土裂缝最为常见。

1.1 预制小箱梁腹板

小箱梁腹板面积大，钢筋保护层厚度较小，预应力孔道数量多，梁端锚下应力水平高，运营期除了承受车辆荷载外，局部还遭受干湿循环、冻融循环、除冰盐侵蚀等作用，容易出现混凝土裂缝、浆体剥落和钢筋锈蚀等病害。

1.1.1 腹板竖缝

预制小箱梁的腹板竖缝较为常见，容易引起对结构安全状况的误判，腹板竖缝多存在于梁端中上部、梁端下部、跨中附近中上部、跨中附近下部。

1. 梁端中上部竖缝

（1）病害的特征：竖缝长度一般介于 10～100cm，宽度一般介于 0.1～1mm，深度一般介于 1～10cm；竖缝间距一般介于 10～50cm，通常与裂缝长度接近；多集中分布于箱梁的某一端部或靠近梁端的某一区域（图 1-1），裂缝密集区域的混凝土颜色较无裂缝区域的更浅（图 1-2）。

（2）病害的成因：该类裂缝在箱梁混凝土保湿养生结束后半个月左右陆续出现，开裂区域混凝土中粗集料少，浆体多，保湿养生结束后，干燥失水收缩导致裂缝的产生和发展。不当操作包括但不限于混凝土流动性大（用水量大、减水剂多、浆集比高等），混凝土从箱梁一端一直浇筑到另一端，严重过振等引起混凝土匀质性变差，导致少粗集料的浆体在后浇筑的梁端附近聚集。

（3）**病害的危害**：裂缝削弱了混凝土对钢筋的保护功能，尤其是外边梁外腹板的伸缩缝或泄水孔附近，桥面排水（有时含除冰盐）流经裂缝而加快钢筋锈蚀、膨胀，混凝土顺筋开裂，影响结构的耐久性和适用性。

 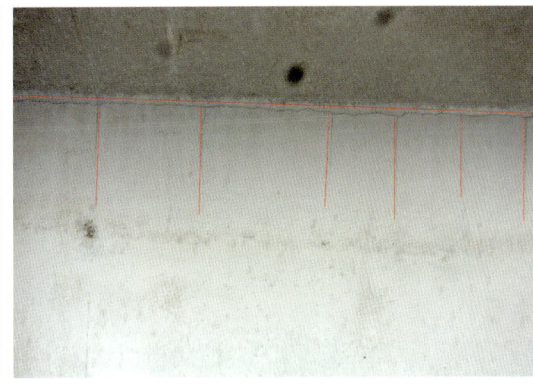

图 1-1　梁端腹板中上部竖缝　　　　　图 1-2　裂缝密集区域颜色浅白

2. 梁端下部竖缝

（1）**病害的特征**：竖缝长度一般介于 50～100cm，宽度一般介于 1～5mm，深度一般介于 5cm～t（t 为预应力张拉前该处腹板的厚度）；多存在于封端混凝土在孔道压浆完毕之后整体后做的简支梁，两侧腹板多同时存在该类竖缝（图 1-3）。

（2）**病害的成因**：该类裂缝在预应力张拉完成之后即可见（图 1-4），预应力张拉期间，远离梁端的底板逐渐脱离制梁底座，箱梁的自重全部由梁端锚具之前的钢筋混凝土（有时是素混凝土）承担，导致混凝土的剪应力过大；预应力张拉期间，梁端底板向跨中方向移动过程中，制梁底座与梁端底板混凝土之间的摩擦导致了混凝土拉应力过大；张拉完成后，裂缝的发展即终止。

图 1-3　梁端腹板下部竖缝　　　　　图 1-4　预应力张拉完成裂缝即可见

（3）病害的危害：封端混凝土浇筑并不能填充该裂缝，外界侵蚀性物质如水分（伸缩缝处梁端）、空气等容易抵达锚具、夹片和钢绞线，引起锚固体系的金属部件锈蚀，影响后张法预应力体系的安全性与耐久性。

3. 跨中附近中上部竖缝

（1）病害的特征：该类裂缝较为竖直（图1-5），长度一般介于30cm～h（h为箱梁腹板高度），宽度一般介于0.1～0.5mm，深度一般介于3cm～t（t为裂缝处腹板厚度）；多存在于混凝土浇筑时间较长的箱梁跨中附近，腹板上部的裂缝数量多于腹板下部的裂缝数量，裂缝多位于腹板竖向钢筋正外侧。预应力张拉完成之后，裂缝两侧出现明显的啃边迹象（图1-6），有的裂缝附近有麻面（图1-7），裂缝处芯样两侧的粗集料大多保存完好（图1-8）。

（2）病害的成因：该类裂缝产生于箱梁混凝土浇筑期间，外模拆除后即可见。不当操作包括但不限于箱梁混凝土浇筑时间过长、混凝土流动性损失过快、腹板竖向钢

图1-5　跨中附近中上部竖缝

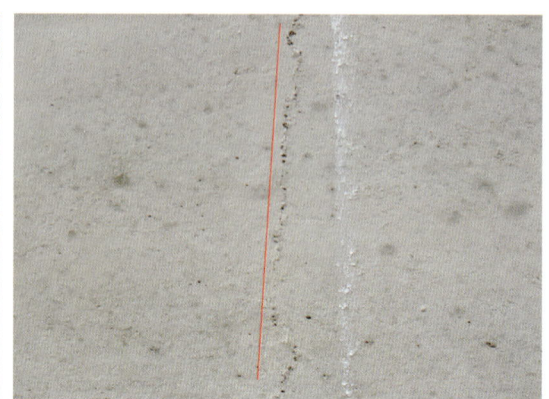

图1-6　裂缝两侧啃边迹象明显

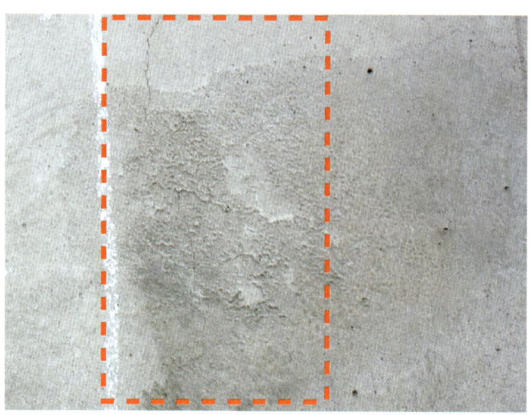

图1-7　裂缝附近混凝土麻面

图1-8　裂缝处芯样两侧粗集料完好

筋活动幅度过大,已经失去塑性的混凝土受到扰动而开裂,在后续混凝土收缩的作用下,顺钢筋的竖缝越发明显。

(3) 病害的危害:该类裂缝的深度都会超过腹板竖向钢筋的保护层厚度,且是顺钢筋长度方向,在外界侵蚀性介质的作用下,容易引起钢筋锈蚀膨胀,导致混凝土剥落,影响结构的耐久性与适用性;贯穿腹板厚度的竖缝在使用期间会往复开合,将削弱腹板混凝土的整体性和箱梁的抗弯刚度。

4. 跨中附近下部竖缝

(1) 病害的特征:竖缝长度一般介于 30cm～h(h 为箱梁腹板高度),宽度一般介于 0.02～0.2mm,深度一般介于 3cm～t(t 为裂缝处腹板厚度);多产生于简支转连续箱梁的跨中附近,腹板下部的竖缝数量多于腹板上部的,有的相邻竖缝长短不一且个别竖缝贯穿整个腹板高度(图 1-9),有的相邻竖缝长度接近(图 1-10)。

(2) 病害的成因:相邻竖缝长短不一且无规律性的,多产生于箱梁混凝土浇筑期间,产生的原因包括但不限于制梁台座稳定性差、外侧模板固定不牢,箱梁拆模后已有裂缝,在荷载作用下,裂缝不断发展。相邻竖缝长度相当且底板对应位置有横向裂缝的,多存在于简支转连续梁上,产生的原因包括但不限于箱梁的抗弯刚度不满足实际荷载需求,在车辆振动荷载的作用下,顺腹板竖向钢筋的裂缝逐渐显现并发展。

(3) 病害的危害:该类裂缝的深度均超过钢筋保护层厚度,且是顺竖向钢筋长度方向,在外界侵蚀性介质的作用下,容易引起钢筋锈蚀膨胀和混凝土剥落,影响结构的耐久性与适用性;贯穿腹板厚度的裂缝将削弱腹板混凝土的整体性和箱梁的抗弯刚度。

图 1-9　相邻竖缝长短无规律

图 1-10　相邻竖缝长度接近

5. 随机位置腹板上部竖缝

（1）病害的特征：竖缝长度一般介于 10～100cm，宽度一般介于 0.1～1mm，深度一般介于 1～10cm；竖缝间距一般介于 10～50cm，通常与裂缝长度接近；有的只存在于一个腹板，有的两个腹板同时存在，在箱梁长度上分布无规律，分布范围有长有短，裂缝密集区的颜色较无裂缝区域更浅，裂缝密集区域有的呈长方形（图 1-11），有的呈三角形（图 1-12）。

（2）病害的成因：该类竖缝多在箱梁混凝土保湿养生结束后半个月左右陆续出现。开裂区域混凝土中粗集料少，浆体多，保湿养生结束后，干燥失水收缩导致裂缝的产生和发展。不当操作包括但不限于混凝土流动性过大（用水量过大、减水剂掺量过大、浆集比过高）、细集料偏粗、粗集料少、局部过振等。

（3）病害的危害：裂缝削弱了混凝土对钢筋的保护功能，尤其是外边梁外腹板的桥梁伸缩缝或泄水孔附近，桥面排水（有时含除冰盐）流经裂缝而加快钢筋锈蚀、膨胀，混凝土顺筋剥落，影响结构的耐久性和适用性。

图 1-11 裂缝密集区域呈长方形

图 1-12 裂缝密集区域呈三角形

1.1.2 腹板纵缝

1. 近梁端顺孔道纵缝并伴随渗水

（1）病害的特征：裂缝长度一般介于 150～400cm，宽度一般介于 0.01～0.5mm，深度一般介于 6cm～t（t 为裂缝处腹板厚度），越靠近梁端连续性越明显；单侧腹板的纵缝数量不超过该侧腹板中预应力孔道的数量，裂缝大多呈断续状，总体走向与预应力孔道的走向一致，有的裂缝伴随渗水（图 1-13），有的裂缝无渗水印迹。

(2) 病害的成因：该类裂缝是孔道内积存的自由水受冻结冰膨胀所致。压浆过程不规范，导致大量自由水（包括但不限于压浆料泌水）富集于腹板孔道的上扬段，经历了负温天气（低于-3℃且持续超过12 h），自由水结冰膨胀；气温回升后，自由水携带溶解的氢氧化钙穿透波纹管的缝隙（主要是金属波纹管或塑料波纹管的接头部位），从缝隙向外渗出水分挥发，氢氧化钙结晶或遇二氧化碳后变成碳酸钙，形成白色印迹。气温越低，可结冰的自由水量越大，裂缝便会顺预应力孔道向跨中方向发展。

(3) 病害的危害：该类裂缝贯穿孔道之外的混凝土甚至整个腹板厚度的混凝土，在孔道内自由水渗出之后，外界空气便会进入孔道内，在水分和氧气充足的条件下，高应力状态下的钢绞线极易锈蚀（图1-14）。一旦锈蚀导致的截面积损失接近30%，钢绞线将断裂并向锚固端回缩，最终整个孔道的预应力失效，严重危及结构安全。

图1-13 近梁端顺孔道纵缝并伴随渗水

图1-14 孔道内钢绞线锈蚀（仅使用3年）

2. 全梁长度顺孔道纵缝并伴随渗水

(1) 病害的特征：单条裂缝长度介于1000cm～L（L为箱梁长度），宽度一般介于0.01～0.5mm，深度一般介于6cm～t（t为裂缝处腹板厚度）；单侧腹板的纵缝数量不超过该侧腹板中预应力孔道的数量，裂缝多呈断续状，但总体走向与预应力孔道的走向一致，有的区域伴随渗水（图1-15），有的区域无渗水印迹。

(2) 病害的成因：该类裂缝是孔道内积存的自由水受冻结冰膨胀所致。预应力孔道较长范围内积存大量自由水（压浆料拌和水量过大），经历了负温天气（低于-3℃且持续超过12h），自由水结冰膨胀导致裂缝产生，气温回升后，自由水携带溶解的氢氧化钙从缝隙向外渗出水分挥发，氢氧化钙结晶或遇二氧化碳后变成碳酸钙，形成白色印迹。若孔道内的自由水量非常大（图1-16），便会持续数年向外渗出，致使裂缝周边混凝土含水率高而显得颜色深；气温越低，可结冰的自由水量越大，裂缝便会顺预应力孔道向跨中方向发展。

（3）病害的危害：该类裂缝贯穿孔道之外的混凝土甚至整个腹板厚度的混凝土，在孔道内自由水渗出之后，外界空气便会进入孔道内，在水分和氧气充足的条件下，高应力状态下的钢绞线极易锈蚀。由于孔道内浆体不致密、不饱满，钢绞线几乎处于无黏结状态，钢绞线一旦锈断，将严重危及结构安全。

图1-15　腹板全梁长纵缝并伴随渗水　　　图1-16　孔道内积存大量自由水

3. 跨中附近顺孔道纵缝并伴随渗水

（1）病害的特征：单条裂缝长度介于400～1000cm，宽度一般介于0.01～0.3mm，深度与箱梁腹板厚度一致；该类裂缝多分布于简支转连续梁跨中附近的腹板底部，每侧腹板多有一条纵缝且伴随渗水，腹板纵缝渗水处底板也常见类似裂缝和渗水（图1-17），从腹板纵缝渗水处开孔发现，裂缝处于预应力孔道外侧，但孔道内并无浆体或自由水（图1-18）。

（2）病害的成因：该类裂缝是箱梁内腔积水较深，在负温条件下结冰膨胀引起的

图1-17　跨中附近顺孔道纵缝并伴随渗水　　　图1-18　孔道内并无浆体或自由水

顺预应力孔道的纵缝。产生和发展的大致路径是跨中附近腹板底部的孔道较为密集，混凝土的连续性较差；箱梁封端混凝土板过早浇筑，箱梁养生期间梁内积存大量养生水，外界水分通过箱梁顶板天窗汇入梁内，而梁底通气孔未预留或未通开；箱梁内腔积水，在负温条件下，水结冰膨胀导致梁体孔道密集区域混凝土开裂，梁内积水沿贯穿箱梁腹板厚度的缝隙渗出。

(3) 病害的危害：该类裂缝贯穿整个腹板厚度，金属波纹管或塑料波纹管接头部位的高应力状态的钢绞线将暴露于空气和水分充足的环境中，容易锈蚀，甚至断裂。

4. 其他部位纵缝

(1) 病害的特征：裂缝长度介于 100cm ～ L（L 为箱梁长度），宽度一般介于 0.02 ～ 1mm，深度与箱梁腹板水平钢筋的净保护层厚度接近；裂缝多条且呈平行分布（图 1-19），也有顺预应力孔道纵缝渗水与该类水平纵缝重合的部分（图 1-20），从裂缝封缝胶的分布情况看，纵缝间距有规律，多是纵向钢筋间距的整数倍。

(2) 病害的成因：该类裂缝是箱梁施工期顺水平钢筋裂缝不断发展的结果。不当的操作包括但不限于腹板纵向钢筋的实际保护层厚度偏小甚至露筋；模板上的附着振捣器连续开动的数量过多或连续开动的时间过长，导致钢筋周边富浆而少集料；腹板混凝土向下沉缩的过程中，表层混凝土受水平钢筋的阻碍，不能同步下沉；保湿养生结束后混凝土失水收缩，裂缝不断发展而越发明显。

(3) 病害的危害：裂缝处钢筋保护层厚度偏小，裂缝直达钢筋表面，桥面排水（有时含除冰盐）或降水流经纵缝时，通过毛细作用抵达钢筋表面，引发钢筋锈胀，混凝土顺筋开裂甚至剥落，影响结构的耐久性与适用性。

图 1-19　腹板纵缝

图 1-20　纵缝间距有规律

1.1.3 腹板斜缝

1. 梁端向上斜缝

（1）<mark>病害的特征</mark>：裂缝自梁端向跨中方向斜向上（图1-21），裂缝长度多介于50～100cm，宽度一般介于0.02～1mm，深度一般不小于该处预应力孔道的净保护层厚度，有的呈断续状，有的较为连续，多存在于边梁无端横隔板侧腹板、简支转连续梁的无端横隔板的腹板、N_1孔道偏上以及N_1孔道内钢绞线数量偏多的箱梁腹板。

（2）<mark>病害的成因</mark>：该类裂缝在箱梁施工期间即已产生（图1-22），最主要原因是预应力张拉导致锚下混凝土应力超过当时混凝土的强度或锚下混凝土受压变形与周边混凝土的差异过大，如预应力张拉时混凝土的力学指标偏低（抗压强度低或抗压弹性模量低）、锚下加强钢筋布置不合理、锚下混凝土匀质性差。

（3）<mark>病害的危害</mark>：锚下混凝土是整个预应力锚固体系的重要支撑部分，锚下部位的孔道压浆多不致密或不饱满，若采用金属波纹管，外界的水分和空气便会通过裂缝进入孔道，尤其是布置有泄水管的外腹板或桥梁伸缩缝正下方，有水流经易引起波纹管和钢绞线锈蚀，影响结构的安全性与耐久性；对于采用塑料波纹管且孔道压浆致密饱满的箱梁，运营期间该类裂缝一般不再发展。

图1-21　梁端向上斜缝

图1-22　梁端向上斜缝

2. 梁端向下斜缝

（1）<mark>病害的特征</mark>：裂缝自梁端向跨中方向斜向下，多分布于梁端无横隔板侧腹板（图1-23），多存在于钢绞线数量多的锚下区域，多为箱梁施工期产生（图1-24），单条裂缝长度多介于50～100cm，宽度一般介于0.02～0.5mm，深度一般不小于该处预应力孔道的净保护层厚度,有的呈断续状,有的较为连续。

(2) 病害的成因:该类裂缝多产生于预应力张拉完成后的 24h 之内,主要原因是预应力张拉导致锚下混凝土应力超过当时混凝土的强度或锚下混凝土的受压变形与周边混凝土的差异过大,如预应力张拉时混凝土的力学指标偏低(抗压强度低或抗压弹性模量低)、锚下加强钢筋布置不合理、锚下混凝土匀质性差。

(3) 病害的危害:若采用金属波纹管,外界的水分和空气便会通过裂缝进入孔道,尤其是布置有泄水管的外腹板或桥梁伸缩缝正下方,客水丰富,易引起波纹管和钢绞线锈蚀,影响结构的安全性与耐久性;对于采用塑料波纹管且孔道压浆致密饱满的箱梁,运营期间该类裂缝一般不再发展。

图 1-23　无端横隔板侧腹板向下斜缝

图 1-24　向下斜缝——张拉完即可见

3. 其他部位斜缝

(1) 病害的特征:裂缝自靠近梁端底板向跨中方向斜向上,有的腹板斜缝分布有规律(图 1-25),有的腹板斜缝与其他走向的裂缝共存(图 1-26),裂缝长度多介于 50~100cm,宽度一般介于 0.02~0.5mm,深度多与该处腹板厚度一致,有的呈断续状,有的较为连续,对应位置的底板大多有横缝,该类病害多存在于简支转连续的小箱梁。

(2) 病害的成因:对于腹板混凝土颜色均匀且呈灰白色,腹板裂缝分布有规律的,多为箱梁的抗弯、抗剪承载能力不满足实际荷载需求,产生的原因包括但不限于箱梁的预应力不足、负弯矩区预应力失效、孔道压浆不致密、混凝土抗压强度偏低等。对于腹板混凝土颜色较深且表面粗糙,腹板多种走向的裂缝均有分布的,多为箱梁混凝土浇筑期间已存在,拆模后即可见,在荷载作用下裂缝有发展。

(3) 病害的危害:腹板斜缝位置对应底板有通长横缝且横缝不稳定的箱梁,其整体的抗弯、抗剪承载能力不足，严重影响桥梁的结构安全；而底板无通长横缝的箱梁，需进一步查明原因后确定其危害。

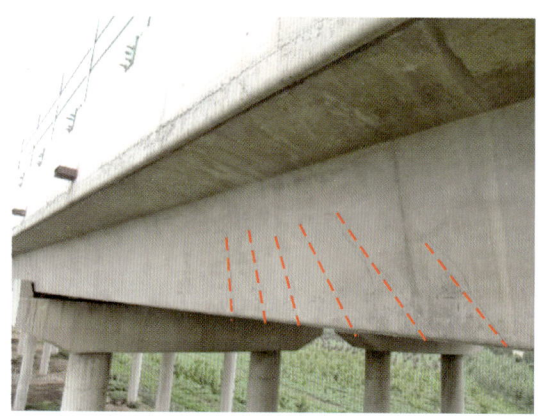
图 1-25　有规律的腹板斜缝

图 1-26　与其他走向的裂缝共存

1.1.4 腹板网裂

1. 梁端附近网裂

（1）病害的特征：网裂区域中竖直方向上的裂缝长度一般介于 10～100cm，宽度多介于 0.1～0.5mm，其最大宽度大于水平方向裂缝的最大宽度，深度一般介于 1～5cm，裂缝间距一般介于 10～50cm；水平方向上的裂缝长度一般介于 100cm 到数米且多位于水平钢筋正外侧，深度一般贯穿纵向钢筋的保护层厚度，裂缝间距一般是纵向钢筋间距的整数倍；有的只存在于箱梁的一个腹板，有的两个腹板同时存在，多存在于箱梁梁端附近（图 1-27），裂缝密集区的颜色较无裂缝区域的浅一些。

（2）病害的成因：该类裂缝在箱梁混凝土保湿养生结束后半个月左右陆续出现，开裂区域混凝土中粗集料少（图 1-28），浆体多，保湿养生结束后，干燥失水收缩导致裂缝的产生和发展。不当操作包括但不限于混凝土流动性大（拌和用水量过大、减水剂掺量过大、浆集比过高）、局部过振、布料方式不合理等。

（3）病害的危害：裂缝削弱了混凝土对钢筋的保护功能，尤其是外边梁外腹板的桥梁伸缩缝或泄水孔附近，桥面排水（有时含除冰盐）流经裂缝而加快钢筋锈蚀、膨胀。混凝土顺筋剥落；净浆或砂浆与混凝土的变形不协调，网裂后易脱落，影响结构的耐久性和适用性。

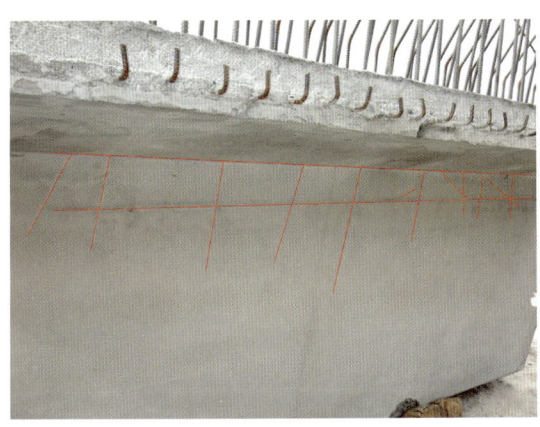
图 1-27 腹板近梁端网裂

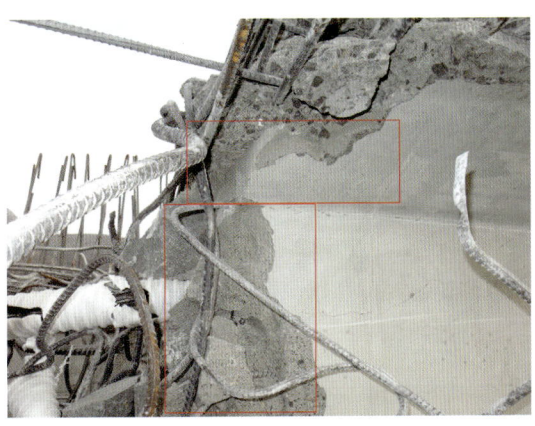
图 1-28 网裂处浆体多粗集料少

2. 随机位置网裂 - Ⅰ型

（1）病害的特征：网裂区域中竖直方向上的裂缝长度一般介于 10～30cm，宽度多介于 0.01～0.1mm，其最大宽度小于水平方向裂缝的最大宽度，深度一般介于 1～3cm，裂缝间距无明显规律（图 1-29）；水平方向上的裂缝长度一般介于 50～200cm，多位于水平钢筋正外侧，深度一般贯穿纵向钢筋的保护层厚度，裂缝间距一般是纵向钢筋间距的整数倍；有的只存在于箱梁的一个腹板，有的两个腹板同时存在，裂缝密集区的颜色较无裂缝区的浅一些。

（2）病害的成因：该类裂缝在箱梁混凝土保湿养生结束后半个月左右陆续出现，开裂区域混凝土中粗集料少（图 1-30），浆体多，保湿养生结束后，干燥失水收缩导致裂缝的产生和发展。不当操作包括但不限于混凝土流动性波动大（混凝土用水量波动过大或减水剂掺量波动过大）、局部附着振捣器过振等。

图 1-29 腹板上部网裂

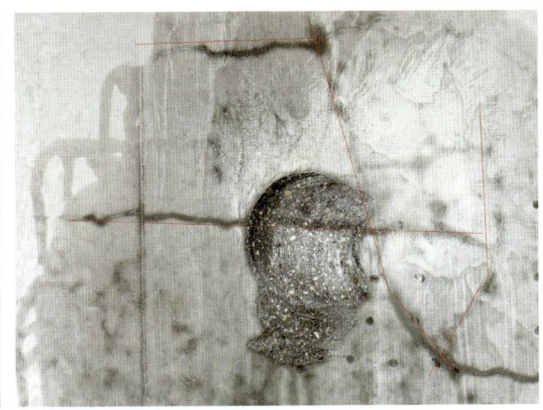
图 1-30 网裂处粗集料少

（3）**病害的危害**：裂缝削弱了混凝土对钢筋的保护功能，尤其是外边梁外腹板泄水孔附近，桥面排水（有时含除冰盐）流经裂缝而加快钢筋锈蚀、膨胀，混凝土顺筋剥落，影响结构的耐久性和适用性。

3. 随机位置网裂 - Ⅱ 型

（1）**病害的特征**：该类网状裂缝有时需要借助洒水湿润才明显（图 1-31），表面缝宽非常小，分布密度大（图 1-32），裂缝深度小，一般介于 2～5mm，网裂密集区域的颜色较无裂缝区域的浅一些。

（2）**病害的成因**：该类裂缝在箱梁混凝土保湿养生结束后半月左右陆续出现，开裂区域混凝土匀质性良好并无集料少而浆体多的现象。可能的原因包括但不限于拆模后即喷淋与梁体表面混凝土温差大的养生水、冬季蒸汽养护结束后即置于负温环境下；水泥细度大，矿物掺和料中矿渣粉细度大或矿渣粉掺量大；附着式振捣器过振引起腹板表层浆体占比大等。

（3）**病害的危害**：该类网裂的裂缝宽度和深度都很小，对结构耐久性和适用性的影响不大。

图 1-31　洒水后网裂明显

图 1-32　裂缝密度大

1.1.5 腹板其他病害

1. 钢筋锈蚀

（1）**病害的特征**：腹板的钢筋锈蚀膨胀、保护层范围的混凝土剥落，该类病害多分布于纵向排水管附近（图 1-33）和竖向排水管附近（图 1-34），病害面积一般不小

于 $1m^2$。

(2) 病害的成因：该类病害是箱梁在使用数年之后逐渐显现并越发严重。腹板最外侧钢筋的净保护层厚度偏小，施工期间顺最外侧钢筋有原生裂缝，竖向泄水管太短、竖向泄水管周边不密封或竖向泄水管与接水盒之间有水溢出，桥面积水流经箱梁腹板，导致腹板表层钢筋锈蚀。

(3) 病害的危害：钢筋锈蚀导致钢筋截面积缩小，锈蚀膨胀导致钢筋周边混凝土剥落，随着时间的推移，更深处的钢筋便陆续锈蚀膨胀，从而削弱结构断面尺寸，影响结构安全性和适用性。

图 1-33 钢筋锈蚀 - 纵向排水管处

图 1-34 钢筋锈蚀 - 竖向排水管处

2. 混凝土剥落

(1) 病害的特征：腹板混凝土剥落多分布于泄水管正下方附近，病害面积一般不小于 $1m^2$，有的仅产生混凝土剥落（图 1-35），有的伴随钢筋锈胀（图 1-36）。

(2) 病害的成因：这类病害是箱梁在使用数年之后逐渐显现并越发严重。一种是混凝土自身质量不高，在冻融循环或除冰盐的作用下表层浆体剥落；另一种是腹板水平钢筋保护层厚度偏小，钢筋锈蚀膨胀引起混凝土不断剥落。第一阶段混凝土剥落的深度不超过最外层钢筋的净保护层厚度，随着时间的延长，慢慢发展到第二层钢筋的内侧面，并向内发展。不当的操作包括但不限于箱梁混凝土品质差、腹板混凝土过振导致较大水灰比的浆体富集于表层、竖向泄水管顶部周边密封性差、竖向泄水管外露长度不足、接水盒尺寸偏小、竖向泄水管与接水盒角度不匹配等。

(3) 病害的危害：混凝土剥落导致最外层钢筋的有效保护层厚度减小，加快钢筋锈蚀的发生，钢筋锈蚀膨胀又导致钢筋周边混凝土剥落，如此往复，腹板深处的钢筋便陆续锈蚀膨胀，削弱了钢筋的有效截面积和结构物的断面尺寸，影响结构安全性与适用性。

图 1-35　腹板混凝土剥落

图 1-36　腹板混凝土剥落＋钢筋锈胀

1.2　预制小箱梁底板

小箱梁底板布置两道预应力孔道，施工时底板的混凝土是经由腹板流至底板的，在箱梁长度方向上某些区域容易富集浆体。运营期间小箱梁底板局部遭受干湿循环、冻融循环、除冰盐侵蚀等环境作用，容易出现混凝土裂缝、浆体剥落、钢筋锈胀等病害。

1.2.1　底板纵缝

1. 顺预应力孔道纵缝

（1）病害的特征：裂缝长度一般介于 150～400cm，宽度一般介于 0.01～0.3mm，深度一般介于 6cm～t（t 为裂缝处底板厚度）；底板纵缝数量不超过 2 道，有的呈断续状，有的较为连续，其总体走向与预应力孔道的走向一致，大多存在于 1/4～1/2 跨范围，有的裂缝处有渗水印迹（图 1-37），有的裂缝正上方处孔道内积存自由水（图 1-38），有的裂缝无渗水印迹。

（2）病害的成因：该类裂缝是孔道内积存的自由水受冻结冰膨胀所致。预应力孔道较长范围内积存的自由水在遭受负温天气时（低于 -3℃且持续超过 12h），自由水结冰膨胀导致裂缝产生，气温回升后，自由水携带溶解的氢氧化钙从缝隙向外渗出水分挥发后，氢氧化钙结晶或遇二氧化碳后变成碳酸钙，形成白色印迹。若孔道内的自由水量大，便会持续数年不断向外渗出；若孔道内的自由水水量较少，则会在数年之后不再向外渗水；若采用塑料波纹管，除了在波纹管接头处可能渗水外，其他部位较少渗水；随着气温的降低，可结冰的水量增多，裂缝便会顺预应力孔道长度方向发展。

（3）病害的危害：该类纵缝贯穿孔道之外的混凝土甚至整个底板厚度的混凝土，在内部自由水渗出之后，外界空气便会进入孔道内，在水分和氧气充足的条件下，高应力状态下的钢绞线极易锈蚀。由于孔道内浆体不致密、不饱满，钢绞线几乎处于无黏结状态，钢绞线一旦锈断，将严重影响结构安全。

图 1-37　底板纵缝伴随渗水印迹　　　　图 1-38　底板纵缝—孔道内积存自由水

2. 随机位置纵缝

（1）病害的特征：纵缝长度一般不超过 100cm，极少超过 200cm，宽度一般介于 0.01～0.3mm，深度一般介于 2cm～t（t 为裂缝处底板厚度）；底板纵缝有的是若干条且近乎平行（图 1-39），有的不超过 2 条且局部呈弧形（图 1-40）；纵缝多断续，有的较为连续，纵缝分布的位置在梁长度方向上较为随机。

（2）病害的成因：对于底板纵缝有若干条且近乎平行，从底板边缘到中部均有分布的，多是因为混凝土的用水量大、减水剂掺量大、细集料保水性差或严重过振导致的净浆或砂浆与粗集料分离，在箱梁腹板和底板混凝土浇筑过程中，浆体向前流淌布满底板，加之混凝土浇筑不连续，后续混凝土无法翻起布满于底板的浆体，在箱梁吊离台座后的干燥失水收缩过程中产生并发展的。对于底板只有 1～2 条，局部呈弧形且单条裂缝长度一般不超过 200cm 的，多是因为底板孔道局部偏位过大、预应力张拉过程中产生的裂缝，该类裂缝的深度一般会超过波纹管直径 + 波纹管保护层厚度之和，甚至贯穿整个底板厚度。

（3）病害的危害：对于因浆体多集料少而产生的纵缝，其裂缝深度一般不超过浆体的厚度，但可能超过钢筋保护层厚度，在外界氧气和水汽的作用下，容易引发钢筋锈蚀；对于因预应力孔道局部偏位过大、预应力张拉产生的裂缝，一旦波纹管破损或自身密封性不佳（金属波纹管），钢绞线便会失去保护而开始锈蚀。

图 1-39　底板多条平行纵缝　　　　　图 1-40　底板孔道局部偏位过大

1.2.2 底板横缝

1. 梁端横缝

（1）<u>病害的特征</u>：分布于梁端底板的横缝，长度一般与箱梁底板宽度一致（图 1-41），腹板对应位置多伴有竖缝（图 1-42）；底板横缝的最大宽度介于 0.5～5mm，深度一般贯穿梁端底板的预制部分；裂缝往往只分布于梁端 30cm 范围内。

（2）<u>病害的成因</u>：该类裂缝在预应力张拉完成之后即可见（图 1-42），预应力张拉期间，远离梁端的底板逐渐脱离制梁底座，箱梁的自重全部由梁端锚具之前的钢筋

图 1-41　箱梁底板横缝　　　　　　　图 1-42　对应位置腹板竖缝

混凝土（有时是素混凝土）承担，导致混凝土的剪应力过大；预应力张拉期间，梁端底板向跨中方向移动过程中，制梁底座与梁端底板混凝土之间的摩擦导致了混凝土拉应力过大；张拉完成后，裂缝的发展即终止。

(3) 病害的危害：封端混凝土浇筑并不能填充该裂缝，外界侵蚀性物质如水分（桥梁伸缩缝处梁端）、空气等容易抵达锚具、夹片和钢绞线，引起锚固体系的金属部件锈蚀，影响后张法预应力体系的安全性与耐久性。

2. 跨中横缝

(1) 病害的特征：横缝长度一般介于 30～100cm，宽度一般介于 0.01～0.2mm，深度一般介于 2cm～t（t 为裂缝处底板厚度）；多分布于跨中附近底板上，有的横缝数量较多且与底板横向钢筋位置对应，与腹板竖缝对应性不大（图 1-43），有的横缝数量较少，间距较大且与腹板竖缝相连呈 U 形裂缝（图 1-44）。

(2) 病害的成因：对于底板横缝数量多且横缝与横向钢筋位置对应的情况，多是底板混凝土失去流动性之后不久遭受制梁台座或钢筋的扰动所致，在混凝土浇筑期间即已产生，或底板横向钢筋保护层厚度不足甚至露筋，这一类在箱梁提高台座后半个月左右陆续出现；对于底板横缝数量较少、间距较大且与腹板竖缝对应的情况，多是箱梁的承载能力不满足实际交通荷载的要求所致。

(3) 病害的危害：底板横缝会削弱混凝土对钢筋的保护，引发钢筋锈蚀；底板横缝与腹板竖缝连通是抗弯承载能力不足和梁体刚度削弱的重要表现，应重点关注梁的承载能力。

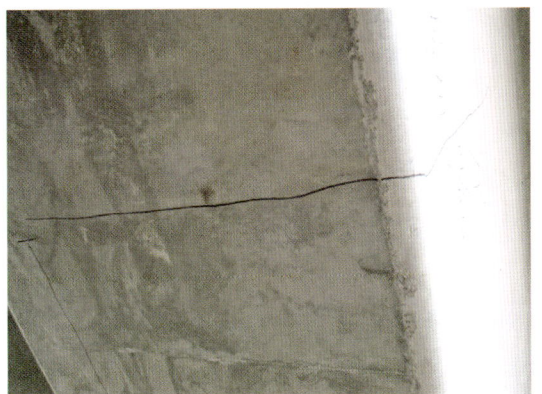

图 1-43 横缝较多且与腹板竖缝多不对应　　图 1-44 横缝较少且与腹板竖缝相连呈 U 形

1.2.3 底板网裂

1. 梁端网裂

（1）病害的特征：裂缝最大长度一般不超过 30cm，宽度一般介于 0.2～0.5mm，深度一般介于 2cm～t_1（t_1 为底板浆体厚度）；该类裂缝多分布于靠近梁端的 5m 范围内，以近似矩形居多（图 1-45），底板侧面往往伴随纵缝和多条短竖缝（图 1-46）。

（2）病害的成因：底板网裂区域多是混凝土中集料少浆体多，在箱梁提高制梁台座后的半个月左右陆续出现，干燥失水收缩是该网裂发生与发展的主要原因。不当的操作包括但不限于混凝土的用水量大、减水剂掺量大、细集料保水性差或严重过振导致的净浆或砂浆与粗集料分离，在腹板和底板混凝土浇筑过程中，浆体向前流淌布满底板；混凝土浇筑不连续，后续混凝土无法翻起布满于底板的浆体。该类裂缝的产生与发展与早龄期的养生过程没有直接的关系，养生好坏都无法避免其产生与发展。

（3）病害的危害：缺少粗细集料的净浆，其体积稳定性差，随着时间的推移，原本完整的浆体会碎裂成小块而逐渐脱落，影响桥下行车或行人安全，削弱了混凝土对钢筋的保护，引发钢筋锈蚀，影响结构的耐久性与适用性。

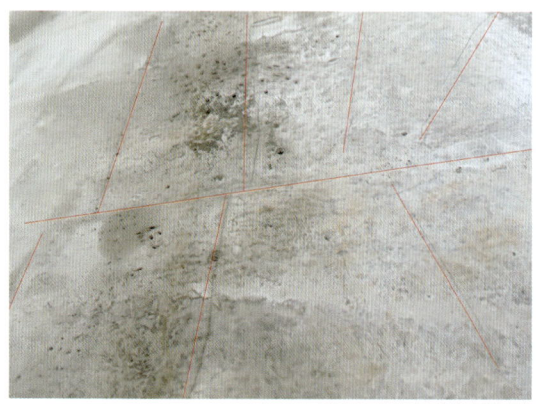

图 1-45　箱梁底板网裂

图 1-46　底板侧面纵缝和短竖缝

2. 全梁长度网裂

（1）病害的特征：网裂由纵缝和横缝组成（图 1-47），在全梁长度范围内的底板均有分布。底板预应力孔道正下方有两条近乎通长的纵缝且多伴随渗水，其他部位的纵缝多呈断续状，底板渗水处并不总是在预应力孔道正下方（图 1-48），纵缝深度一一般介于 2cm～t（t 为纵缝处底板厚度）；横缝多位于底板横向箍筋正下方，横缝长度一般介于 30～100cm，宽度一般介于 0.05～0.2mm，存在该类网裂的箱梁底板未留通气孔或通气孔未疏通。

（2）病害的成因：该类网裂是箱梁内腔积水较多，在负温环境下结冰，引起箱梁底板纵向裂缝和沿着横向箍筋的横缝。气温回升后，梁内积水携带裂缝处溶解的氢氧化钙从缝隙向外渗出水分挥发后，氢氧化钙结晶或遇二氧化碳后变成碳酸钙，形成白色印迹。每次结冰，裂缝的长度、宽度和深度便会进一步发展。不当操作包括但不限于箱梁养护期间就积存较大量的养生水，简支转连续梁的顶板天窗汇入大量的雨水，箱梁底板未留通气孔或通气孔不透水。

（3）病害的危害：该类网裂容易引发箱梁底板钢筋锈蚀，梁内积水的反复冻胀削弱了混凝土的整体性，若采用金属波纹管，容易引发钢绞线锈蚀，影响结构的安全性。

图 1-47　底板网裂（横缝+纵缝）

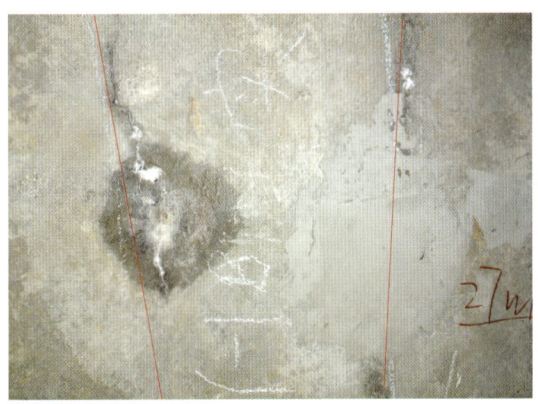
图 1-48　底板纵缝渗水（非孔道正下方）

1.2.4 底板空洞

1. 孔道正下方空洞

（1）病害的特征：该类病害多存在于箱梁底板预应力孔道正下方（图 1-49）及孔道正下方与底板边缘之间的区域（图 1-50），有时空洞周边伴随混凝土蜂窝、钢筋外露、孔道外露等，空洞的平面尺寸有大有小，深度一般介于 6～15cm，箱梁底板局部有涂刷水泥浆痕迹的，都可能存在这类病害。

（2）病害的成因：该类空洞在箱梁提离制梁台座时即可见。产生的原因包括但不限于混凝土流动性和振捣制度不匹配，局部钢筋间距偏小、钢筋保护层厚度偏小、预应力孔道保护层厚度偏小、混凝土布料不连续，以上一种或多种情况同时存在。施工期大多用编织袋、泡沫、纸壳、黄泥等填塞，表面再涂刷水泥浆，甚至未予处理；运营期间，表层浆体逐渐脱落而显得空洞范围变大。

（3）病害的危害：空洞尤其是较大尺寸的空洞，其危害远高于一般的非结构性裂缝，空洞区域钢筋甚至孔道外露，氧气、水分将导致钢筋锈蚀且有足够的空间容纳锈蚀产物，使得该类病害的危害不易被及时发现；若采用了金属波纹管，将会过早锈穿，压浆料在空气中极易碎裂而导致钢绞线锈蚀，影响结构的安全性。

图 1-49　孔道正下方的空洞

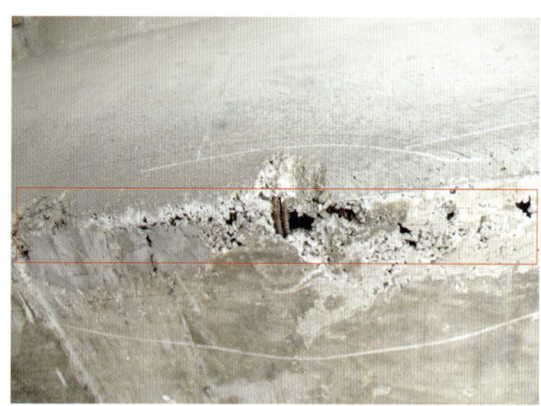
图 1-50　孔道正下方与底板边缘之间的空洞

2. 宽度中部空洞

（1）病害的特征：该类病害多产生于箱梁底板宽度中部的底面（图 1-51）及底板宽度中部的顶面（图 1-52），有时空洞周边伴随混凝土蜂窝、钢筋外露、孔道外露等，空洞的平面尺寸有大有小，深度一般介于 6～15cm，底板钢筋及预应力孔道外露往往同时存在。

（2）病害的成因：该类空洞在箱梁混凝土浇筑完毕后即已产生，底板顶面的空洞拆除内模时即可见，底板底面的空洞提离制梁台座时可见。产生的原因包括但不限于箱梁混凝土流动性、布料速度和振捣制度不匹配，局部预应力孔道明显偏上或偏下，混凝土浇筑不连续，以上一种或多种情况同时存在；分布于底板底面的，梁外可见，分布于底板顶面的，梁外多不可见。

（3）病害的危害：空洞尤其是较大尺寸的空洞，其危害远高于一般的非结构性裂缝，空洞区域钢筋甚至孔道外露，氧气、水分将导致钢筋锈蚀且有足够的空间容纳锈蚀产物，使得该类病害的危害不易被及时发现；若采用了金属波纹管，将会过早锈穿，压浆料在空气中极易碎裂而导致钢绞线锈蚀，影响结构的安全性。

图 1-51　底板宽度中部底面空洞

图 1-52　底板宽度中部顶面空洞

1.2.5 底板其他病害

1. 钢筋锈胀

（1）病害的特征：底板底面钢筋锈蚀后混凝土顺筋剥落（图 1-53）和钢筋锈蚀与混凝土表层浆体剥落同时存在（图 1-54），多存在于安装桥梁泄水孔侧的底板外边缘，单处病害区域长度多介于 100～200cm，宽度多介于 30～50cm。

图 1-53　钢筋锈蚀后混凝土顺筋剥落

图 1-54　钢筋锈蚀与表层浆体剥落

（2）病害的成因：该类病害是箱梁在使用数年之后逐渐显现并越发严重。底板最外侧钢筋的净保护层厚度偏小，施工期间顺最外侧钢筋有原生裂缝，桥面泄水管太短或桥面泄水管周边不密封，桥面积水流至箱梁底板，导致底板表层钢筋锈蚀，表层混凝土遭受自然冻融和除冰盐剥蚀引起表层浆体剥落。

(3) <mark>病害的危害</mark>：外层钢筋锈蚀膨胀引起周边混凝土开裂、脱落，内部钢筋的保护层厚度也随之减小，随着时间的推移也将锈蚀；若箱梁用的是金属波纹管，又会引发波纹管的锈蚀和孔道压浆的开裂，从而引发钢绞线的锈蚀、断裂，影响结构的安全性与耐久性。

2. 混凝土剥落

(1) <mark>病害的特征</mark>：箱梁底板中部混凝土表层浆体剥落（图 1-55）或底板底面和底板侧面混凝土剥落且伴随钢筋锈胀（图 1-56），多存在于箱梁底板堵塞的通气孔正下方，病害分布长度多介于 100～200cm，宽度多与箱梁底板宽度相当，深度介于底板钢筋净保护层厚度和整个底板厚度之间。

(2) <mark>病害的成因</mark>：主要是箱梁内腔积水较多且通气孔既不通畅又不密封，梁内积水缓慢向梁外渗出，使得通气孔周边混凝土的水饱和程度较高，冬季遭受冻融循环破坏，引起浆体剥落；该区域的钢筋保护层厚度偏小时，表层混凝土冻融破坏，钢筋锈蚀膨胀，混凝土顺钢筋剥落便依次发生。

(3) <mark>病害的危害</mark>：混凝土的剥落将影响结构的耐久性和适用性，当箱梁底板更大深度范围内的混凝土水饱和，在冻融循环作用下，混凝土的抗压强度明显降低，与钢筋和波纹管的握裹力也会显著降低，将削弱箱梁混凝土的整体性和断面尺寸，严重影响结构的安全性。

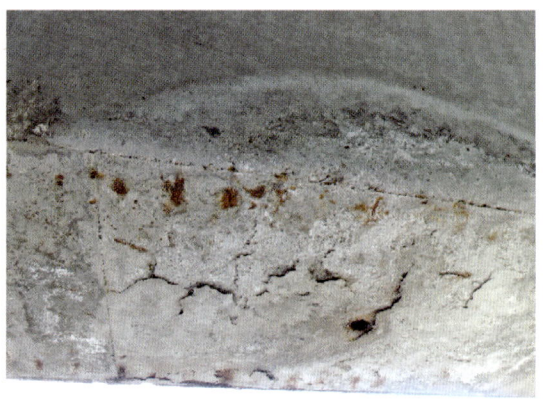

图 1-55　底板中部混凝土剥落　　　　图 1-56　混凝土剥落且伴随钢筋锈胀

1.3 预制小箱梁翼缘板

小箱梁翼缘板厚度较小，根部与腹板相连，底面与横隔板相连，侧面布置若干 U 形钢筋，受模板支撑不合理、拆模方式不规范、服役环境恶劣等的影响，一些施工缺陷逐渐演变成更加严重的病害，运营期翼缘板底面常见的病害主要有混凝土纵缝、横缝、渗水、露筋等。

1.3.1 翼缘板纵缝

1. 规律性短纵缝

（1）病害的特征：箱梁翼缘板底面的规律性短纵缝，有的渗水印迹泛白（图 1-57），有的渗水印迹泛黄，多分布于翼缘板上的预应力张拉槽口处（图 1-58），纵缝的长度与槽口长度一致。

图 1-57　翼缘板纵缝泛白

图 1-58　翼缘板预应力张拉槽口处渗水

（2）病害的成因：这类纵缝在预应力张拉槽口混凝土浇筑后不久即可见。不当的操作包括但不限于翼缘板预应力张拉槽口拆模时周边混凝土有原生缺陷，槽口内侧面混凝土未进行凿毛处理，直接浇筑的混凝土，新旧混凝土变形不协调。实施桥面沥青铺装前，桥面积水流经新旧混凝土界面并将氢氧化钙携带至翼缘板底面，或者运营期桥面铺装渗水，持续有水从槽口周边界面缝隙流至翼缘板底面。

（3）病害的危害：纵缝处仅有泛白而不再渗水，对结构的使用功能影响很小；纵缝处有黄色锈迹且持续渗水印迹，则说明纵缝处的钢筋开始且持续锈蚀，最终会影响结构安全。

2. 根部纵缝

（1）病害的特征：箱梁翼缘板根部较长纵缝，有的持续渗水（图 1-59），有的无渗水印迹（图 1-60），裂缝长度大多介于 100cm～L（L 为箱梁长度），裂缝宽度一般介于 0.2～3mm，在箱梁长度方向上没有明显的分布规律，但多存在于箱梁横隔板前后。

（2）病害的成因：该类裂缝主要是模板固定和拆除不当所致，在箱梁外模板拆除后即可见，箱梁保湿养生期间顶板养生水流经裂缝，并将裂缝界面上的氢氧化钙溶出水分挥发后，氢氧化钙结晶或在表面碳化生成白色碳酸钙。不当的操作包括但不限于混凝土浇筑时间与其失去塑性的时间不匹配、箱梁外模板拆除期间模板上下活动幅度过大、拆模时箱梁混凝土的强度偏低等。

（3）病害的危害：翼缘板根部仅有泛白而无持续渗水的纵缝，对结构的使用功能影响较小；若纵缝处持续渗水，则纵缝处沥青铺装和防水层的防水功能失效，易发生沥青铺装的坑槽等水损坏，同时说明水泥混凝土的铺装层已裂穿，铺装层和翼缘板的钢筋便会锈蚀，影响结构的安全性。

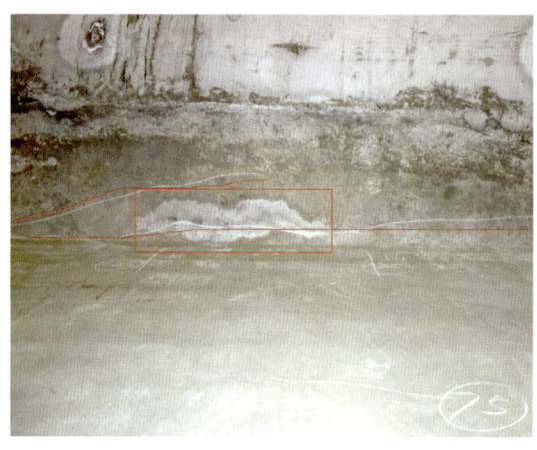

图 1-59　翼缘板根部纵缝伴随渗水　　　　图 1-60　翼缘板根部纵缝外无渗水

3. 靠近边缘的纵缝

（1）病害的特征：箱梁翼缘板靠近边缘的较长纵缝，有的近乎平直、有泛白印迹（图 1-61），有的呈一定弧度（图 1-62），裂缝长度大多介于 100cm～L（L 为箱梁长度），裂缝宽度多介于 0.2～3mm，在箱梁长度方向上没有明显的分布规律，多分布于两侧均有横隔板的箱梁中，有时没有横隔板侧的翼缘板也有类似裂缝。

（2）病害的成因：该类裂缝主要是箱梁外模板拆除过程中对翼缘板边缘混凝土的较大扰动所致，在箱梁外模板拆除后即可见，箱梁保湿养生期间顶板养生水流经裂缝，并将裂缝界面上的氢氧化钙溶出水分挥发后，氢氧化钙结晶或在表面碳化生成白色碳酸钙。不当的操作包括但不限于箱梁横隔板角度偏小、翼缘板处预留钢筋不顺直导致拆模时翼缘板局部受力过大，模板竖向支撑过少导致拆模时的模板瞬时向外倾斜触碰翼缘板边缘，整体式液压模板拆模时的反复上下活动等。

（3）病害的危害：该类纵缝产生时便有局部已经贯穿翼缘板厚度，但不一定全纵缝长度贯通。远离轮迹带附近且无持续渗水的翼缘板纵缝，对结构的影响较小；轮迹带附近或重载交通量大且存在持续渗水的翼缘板纵缝，已有较大范围纵缝贯穿翼缘板厚度，且桥面沥青铺装和混凝土铺装的防水功能已失效，沥青铺装的水损坏如坑槽等会持续发生，影响路面行车安全性、舒适性，引起翼缘板裂缝处的钢筋锈蚀。

图 1-61　靠近边缘的纵缝伴随泛白

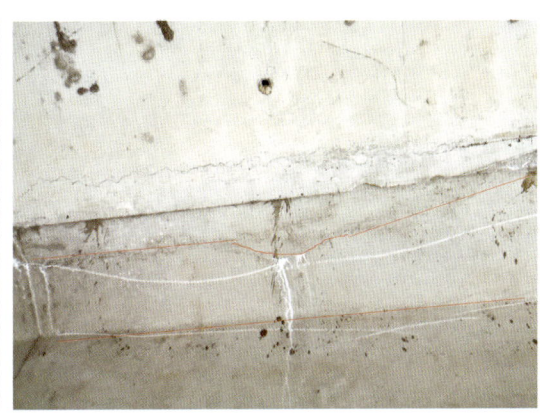
图 1-62　靠近边缘的弧形纵缝

1.3.2　翼缘板横缝

（1）病害的特征：箱梁翼缘板横缝，有的有泛白印迹（图 1-63），裂缝长度大多介于 20cm～L_1（L_1 为单侧翼缘板宽度），裂缝宽度多介于 0.1～1mm，有泛白迹象的横缝必有局部已经贯穿翼缘板厚度，但不一定裂缝全长度都贯通，该类裂缝在箱梁长度方向上没有明显的分布规律，但裂缝间距一般是翼缘板横向钢筋间距的整数倍。

（2）病害的成因：该类裂缝在箱梁外模板拆模过程中即已产生，并在拆模后即可见（图 1-64），主要是拆模过程中对翼缘板外露钢筋的扰动引起，包括但不限于整体式液压模板拆模时与翼缘板外露钢筋刮蹭导致钢筋周边混凝土扰动，非液压模板的梳齿板模板与外露钢筋勾连，用力敲击梳齿板模板引起的外露钢筋周边混凝土扰动，拆模时，翼缘板混凝土抗压强度偏低，箱梁养生水或顶板积水从翼缘板顶面流至底面，并将裂缝界面上的氢氧化钙溶出，水分挥发后，氢氧化钙结晶或在表面碳化生成白色碳酸钙。

（3）病害的危害：翼缘板混凝土在拆模期间遭受扰动而出现裂缝，随着胶凝材料的进一步水化反应，裂缝区域的混凝土强度有一定程度的恢复。仅有顺裂缝泛白而无渗水的横缝，对结构的使用性能影响很小；持续渗水的翼缘板横缝，已有较大范围裂缝贯穿翼缘板厚度，且桥面沥青铺装和混凝土铺装的防水功能已失效，沥青铺装的水损坏如坑槽等会陆续出现，影响路面行车安全性、舒适性，同时将引起翼缘板裂缝处的钢筋锈蚀。

图 1-63　翼缘板横缝伴随泛白

图 1-64　施工期翼缘板横缝伴随泛白

1.3.3　翼缘板斜缝

（1）病害的特征：箱梁翼缘板斜缝多分布于边梁无横隔板侧梁端，裂缝长度大多介于 20cm～1.4L_2（L_2 为边梁外侧翼缘板宽度），裂缝宽度多介于 0.1～2mm，深度多贯穿整个翼缘板厚度，裂缝处多有渗水（图 1-65），裂缝自梁端向跨中方向呈辐射状（图 1-66）。

（2）病害的成因：该类裂缝在水泥混凝土铺装完成之前即已产生，主要原因是翼缘板底面根部弯矩过大，不当的操作包括但不限于起吊箱梁时，钢丝绳的着力点位于翼缘板边缘；运输箱梁时，为防止箱梁侧翻，用方木斜撑翼缘板根部，用钢丝绳绕梁端翼缘板将其固定在运输车上，且运输道路路况不佳；边梁吊装至盖梁上时，为了防止箱梁横向倾斜，在无横隔板侧增设方木支撑，梁上运梁时，支座和方木支撑点的竖向变形不同步且方木竖向变形小；箱梁顶板积水从沥青铺装层和混凝土铺装层经由该斜缝流至翼缘板底面，并将裂缝界面上的氢氧化钙溶出，水分挥发后，氢氧化钙结晶或在表面碳化生成白色碳酸钙。

（3）病害的危害：梁端翼缘板斜缝尤其持续渗水的，已有较大范围裂缝贯穿翼缘板厚度，且桥面沥青铺装和混凝土铺装的防水功能已失效，易引起翼缘板裂缝处的钢筋锈蚀。

图 1-65　翼缘板斜缝伴随渗水　　　　　　图 1-66　翼缘板斜缝呈辐射状

1.3.4 翼缘板网裂

（1）病害的特征：翼缘板的底部网裂，网格尺寸多介于 10×10cm～30×30cm（图1-67），裂缝宽度多介于 0.1～2mm，裂缝深度多介于 2cm～h（h 为网裂处的浆体厚度），在箱梁长度方向上没有明显的分布规律，有时仅存在于某一侧翼缘板，有时在同一横断面的两侧翼缘板同时存在。

（2）病害的成因：该类网裂在箱梁混凝土保湿养生结束后半个月左右陆续出现，开裂区域混凝土中粗集料少、浆体多，保湿养生结束后，干燥失水收缩导致裂缝的产生和发展。不当操作包括但不限于箱梁腹板混凝土浇筑及振捣期间，含集料较少的浆体在翼缘板底部富集，顶板混凝土浇筑及振捣期间并未将该部分浆体翻起，导致翼缘板底部富集一层砂浆甚至净浆（图 1-68）。

（3）病害的危害：浆体厚度小于翼缘板底面钢筋保护层厚度的，容易在网裂产生后脱落，影响桥梁下的通行安全；单层浆体厚度超过翼缘板底面钢筋保护层厚度的，虽不易产生脱落，但会削弱表层混凝土对钢筋的保护功能，影响结构的耐久性与适用性。

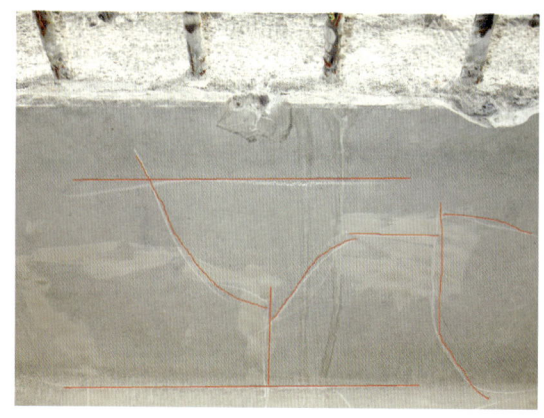
图 1-67　翼缘板底面网裂

图 1-68　翼缘板底部浮浆脱落

1.4　预制小箱梁横隔板

小箱梁横隔板有的部分预制部分现浇，有的几乎全现浇；有的中空，有的完整；有的正交，有的斜交。横隔板常见病害主要包括混凝土竖缝、斜缝、网裂、不密实，露筋等，运营期出现的绝大部分病害是施工缺陷不断劣化的结果。

1.4.1　横隔板竖缝

（1）病害的特征：横隔板竖缝的长度多与横隔板高度一致，裂缝宽度多介于 0.02～1mm，裂缝宽度在横隔板高度方向上没有规律，有的上下宽度接近，有的上窄下宽，有的上宽下窄，裂缝深度多与横隔板厚度接近；同一横隔板上的该类竖缝大多有 1～2 条，有的偏向某一侧箱梁（图 1-69），有的居中（图 1-70）；多分布于简支转连续梁的端横隔板上。

（2）病害的成因：该类竖缝多是某个施工环节不规范导致横隔板局部受力过大所致，包括但不限于箱梁临时支座与永久支座的顶高程不匹配；相邻两片箱梁的临时支座顶高程不匹配；纵向相邻两片箱梁间距太小，受温度影响而出现挤压，该两片箱梁与横向相邻两片箱梁之间在纵向上的位移偏差过大。

（3）病害的危害：该类竖缝对箱梁安全性影响不大，但会削弱裂缝处表层混凝土对钢筋的保护功能。

 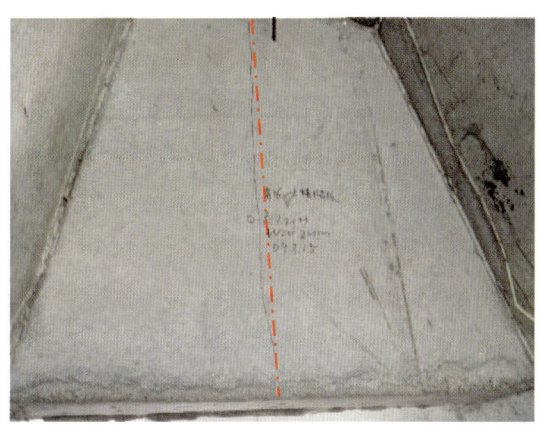

图 1-69　横隔板竖缝 - 偏向一侧　　　　图 1-70　横隔板竖缝 - 居中

1.4.2　横隔板斜缝

（1）病害的特征：该类斜缝多存在于横隔板的上部或下部边角附近，裂缝长度大多介于 30cm～L（L 为横隔板高度），裂缝宽度多介于 0.2～2mm，裂缝深度大多介于 c～h（c 为横隔板钢筋保护层厚度，h 为横隔板厚度）；同一横隔板斜缝的数量也不尽相同，该类斜缝周边多伴有模板剐蹭痕迹（图 1-71）。

（2）病害的成因：该类斜缝多是箱梁拆模过程中产生并于模板拆除后即可见，主要是模板拆除过程中横隔板局部受力过大而混凝土强度偏低所致。不当的操作包括但不限于模板尺寸精度较差、使用过程中变形过大、横隔板角度偏大、横隔板局部横断面面积小（图 1-72）、拆模过程不规范等。

（3）病害的危害：该类竖缝对箱梁安全性影响不大，但会削弱裂缝处保护层对钢筋的保护功能。

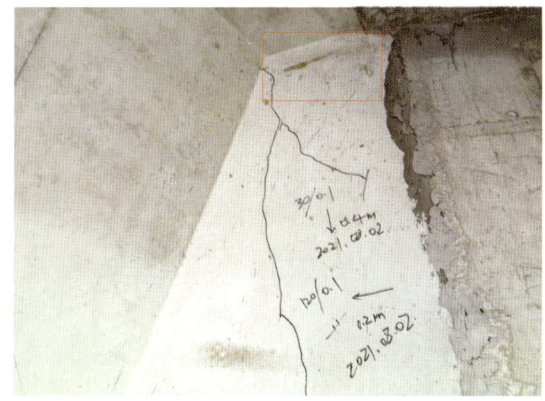 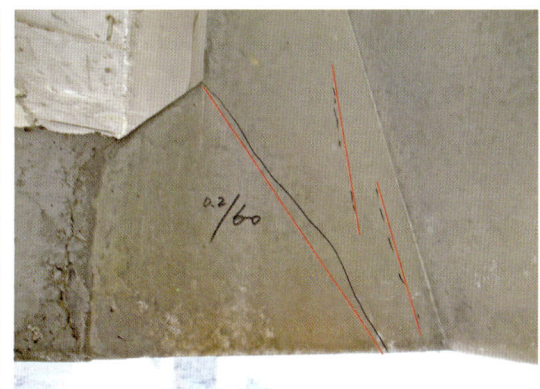

图 1-71　斜缝附近有模板剐蹭痕迹　　　　图 1-72　横隔板斜缝 - 断面小

1.4.3 横隔板网裂

（1）病害的特征：该类网裂主要有两类，一类是细微的网状裂缝（图 1-73），多分布于横隔板中上部，裂缝大多较短，宽度多介于 0.02～0.5mm，深度大多介于 0.5～5cm；另一类是较宽的网状裂缝，多产生于横隔板的外边缘，裂缝长度有的超过 50cm，宽度多介于 0.2～2mm，深度多超过横隔板钢筋保护层厚度，有时还伴随渗水印迹（图 1-74）。

（2）病害的成因：第一类网裂多是在箱梁混凝土保湿养生结束后半个月左右陆续出现，开裂区域混凝土中粗集料少、浆体多，保湿养生结束后，干燥失水收缩导致裂缝的产生和发展。第二类网裂多是在箱梁模板拆除过程中即已产生，并在模板拆除后可见，主要是模板拆除过程中横隔板局部受力过大所致，包括但不限于模板尺寸精度较差、使用过程中变形过大、横隔板角度偏大、拆模过程不规范等。

（3）病害的危害：该类竖缝对箱梁安全性影响不大，但会削弱裂缝处保护层对钢筋的保护功能，尤其是裂缝宽度较大或伴随有渗水的网裂。

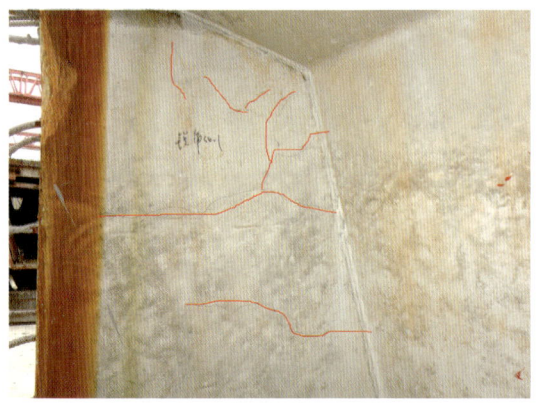

图 1-73　横隔板网裂-缝宽较小　　　　图 1-74　横隔板网裂-缝宽较大

1.4.4 横隔板露筋

（1）病害的特征：该类露筋主要有三类，第一类是横隔板预制部分局部混凝土脱落，现浇混凝土未填充混凝土脱落区域，第二类是横隔板现浇混凝土底部不密实甚至空洞，第三类是横隔板现浇混凝土顶部不密实甚至空洞。

（2）病害的成因：该类露筋均在对应部位的混凝土浇筑期间产生，并在模板拆除后即可见。产生的过程包括但不限于横隔板预制部分在施工阶段破损，现浇混凝土时，模板与破损部位间隔较小，加之振捣不充分导致混凝土填充不饱满（图 1-75）；横隔板现浇混凝土严重离析，富集粗集料的部分先进入模板抵达横隔板的底部，而横隔板预留钢筋直径较大，焊接又进一步压缩了钢筋净距，振捣棒无法插入，后续混凝土难以充填粗集料的缝隙（图 1-76）；横隔板上方钢筋间距较小，混凝土粗集料粒径大，混凝土下料难度大，若振捣不足则容易导致混凝土滞留于钢筋之上误以为浇筑密实（图1-77）；全现浇施工的横隔板，混凝土流动性不佳且振捣不充分，导致与箱梁翼缘板底面接合部位不密实（图 1-78）。

（3）病害的危害：预制箱梁的横隔板均远离外部明水，钢筋锈蚀较慢，单纯露筋对结构的安全性影响都不大，对结构耐久性和适用性有一定影响。

图 1-75　预制部分混凝土破损露筋

图 1-76　现浇部分蜂窝露筋

图 1-77　横隔板现浇部分正上方空洞露筋

图 1-78　全现浇横隔板上方空洞露筋

1.5　预制小箱梁后浇带

小箱梁后浇带是先简支后连续梁特有的，其作用是将前后相邻两片预制箱梁连接起来并将上部荷载传递给下部结构。后浇带横断面与预制箱梁一致，纵向长度多不足1m，底部钢筋间距较小，大多采用焊接方式连接。外侧模板要考虑到与前后预制箱梁紧密贴合，底面模板还要与支座钢板紧密贴合，模板支立难度较大。后浇带常见的病害主要有混凝土空洞、露筋、裂缝，运营期发现的绝大部分病害实际上是施工缺陷。

1.5.1 底部空洞露筋

（1）病害的特征：后浇带底部多有空洞露筋，有的分布于斜交梁（图1-79），有的分布于正交梁（图1-80），统计发现斜交梁后浇带底部的空洞多于正交梁的。

（2）病害的成因：该类问题是后浇带混凝土浇筑期间即已产生，模板拆除后即可见，主要是钢筋保护层范围内的混凝土不完整或者更大范围的混凝土不完整，产生的原因包括但不限于后浇带混凝土流动性不佳加之振捣不充分、后浇带底部钢筋间距小且混凝土粗集料粒径偏大、后浇带底部模板密封性不佳导致混凝土流走。

（3）病害的危害：钢筋保护层范围内的混凝土不密实，而后浇带作为荷载由上向下传递的关键部位，可能引起后浇带底部混凝土压碎，从而导致左右相邻支座承受的荷载明显增加，引起横隔板竖缝和湿接缝纵缝；后浇带底部大多远离外部明水，钢筋锈蚀较慢，单纯露筋对结构的安全性影响不大，对结构适用性有一定影响。

图1-79 底部空洞露筋（斜交梁）

图1-80 底部空洞露筋（正交梁）

1.5.2 翼缘板纵缝

（1）病害的特征：后浇带翼缘板部分出现顺梁长度方向的裂缝，裂缝有1～2条且伴随渗水，有的在外边梁的外侧（图1-81），有的在内边梁的内侧（图1-82），裂缝长度基本与后浇带的长度一致，裂缝宽度因白色渗出物而变得模糊，深度基本与后浇带的翼缘板厚度一致。

（2）病害的成因：后浇带的翼缘板纵缝多产生于施工期，其成因包括但不限于后浇带呈长条状，顺箱梁宽度方向的约束较大，后浇带靠近翼缘板边缘较薄处易开裂；后浇带混凝土顶面面积较小，持续保湿养生难度大，易因养生不到位干燥失水收缩而开裂。

（3）病害的危害：后浇带翼缘板部位纵缝渗水将引起钢筋锈蚀，影响结构的耐久性和适用性。

图 1-81　外边梁外侧后浇带纵缝

图 1-82　内边梁内侧后浇带纵缝

1.6　预制小箱梁湿接缝

湿接缝将左右相邻两片预制箱梁连接起来，其宽度一般介于 60～100cm，厚度与箱梁翼缘板边缘一致，长度与箱梁一致，待预制箱梁现场安装就位后，在底部吊模，现场浇筑混凝土。湿接缝常见的病害主要有不密实、露筋，混凝土裂缝、脱落、渗水等，运营期发现的绝大部分病害实际上是施工缺陷。

1.6.1　底部混凝土不密实

（1）病害的特征：预制箱梁湿接缝底部混凝土不密实的常见形式包括蜂窝（图1-83）、空洞（图1-84）并伴随露筋、连续梁的梁端横隔板正上方附近混凝土空洞（图1-85，图1-86）。

(2) 病害的成因：该类混凝土不密实、露筋都是湿接缝混凝土浇筑期间即已产生，模板拆除后即可见。产生的原因包括但不限于局部混凝土流动性差且振捣不充分；湿接缝底层钢筋之下的混凝土脱落而后续混凝土未充填该部分空间；连续梁的梁端钢筋间距小，混凝土无法填满钢筋之下的空间。

(3) 病害的危害：底部混凝土不密实对短时间的结构使用性能影响较小，但外露的钢筋会锈蚀，尤其是连续梁梁端铺装容易开裂、渗水，密集的钢筋锈蚀会引起较大范围的混凝土剥落，对结构的耐久性和适用性影响较大。

图 1-83　混凝土蜂窝（流动性差）

图 1-84　混凝土空洞（未充填满）

图 1-85　混凝土空洞 - 正交梁

图 1-86　混凝土空洞 - 斜交梁

1.6.2　底部混凝土脱落

(1) 病害的特征：预制箱梁湿接缝底部混凝土脱落（图 1-87），甚至局部露筋（图 1-88）但无渗水印迹，该类问题分布的位置、面积大小等没有规律性，混凝土脱落的深度大多介于 2cm ～ c（c 为湿接缝底面钢筋的保护层厚度）。

(2) 病害的成因：该类混凝土脱落、露筋都是湿接缝混凝土浇筑期间即已产生，模板拆除后即可见。产生的原因包括但不限于模板脱模剂性能不佳、涂刷不匀、拆模过早、模板在混凝土浇筑期间变形严重、混凝土早龄期受冻。

(3) 病害的危害：表层混凝土脱落对短时间的结构使用性能影响较小，但外露的钢筋会锈蚀，脱落的混凝土减少了钢筋的有效保护层厚度，对结构的耐久性和适用性影响较大。

图 1-87　局部混凝土表层脱落

图 1-88　较大面积的混凝土脱落露筋

1.6.3　底部横缝

（1）病害的特征：预制箱梁湿接缝底部混凝土横缝并伴随有渗水印迹（图 1-89），横缝的长度一般与湿接缝宽度一致，宽度介于 0.02～0.5mm，深度一般与湿接缝厚度一致，横缝的间距一般是湿接缝底面横向钢筋间距的整数倍。

（2）病害的成因：该类裂缝一般在湿接缝混凝土保湿养生结束之后即可见（图

图 1-89　底部混凝土横缝（运营期）

图 1-90　底部混凝土横缝（施工期）

1-90），产生的原因包括但不限于湿接缝混凝土用水量大、浆多集料少自身收缩率大；湿接缝混凝土早龄期保湿养生不到位，早龄期失水严重，导致混凝土收缩率大；湿接缝混凝土强度较低时桥上有机动车通行。

（3）病害的危害：由于湿接缝较窄，仅有渗水印迹的横缝对结构承载能力影响不大；裂缝削弱了混凝土对钢筋的保护功能，尤其是运营期持续渗水的湿接缝横缝，钢筋锈蚀会导致局部承载能力降低和混凝土剥落，对湿接缝的耐久性和适用性影响较大。

1.6.4 底部纵缝

（1）病害的特征：预制箱梁湿接缝底部混凝土纵缝并伴随有断续状渗水印迹（图1-91）和连续状渗水印迹（图1-92），纵缝的长度多介于30～100cm，宽度介于0.2～1mm，深度与湿接缝厚度一致，纵缝的间距没有明显的规律。

（2）病害的成因：该类纵缝是在湿接缝混凝土浇筑之后，水泥混凝土铺装浇筑之前即已产生。产生的主要原因是湿接缝混凝土的强度较低时遭受了较重的荷载作用，包括但不限于有重车（如运梁车等）行驶于梁上。

（3）病害的危害：由于该类纵缝贯穿整个湿接缝厚度，仅有渗水印迹的纵缝对湿接缝的性能影响不大，裂缝削弱了混凝土对钢筋的保护功能，钢筋锈蚀会导致局部承载能力降低和混凝土剥落，对湿接缝的耐久性和适用性影响较大。

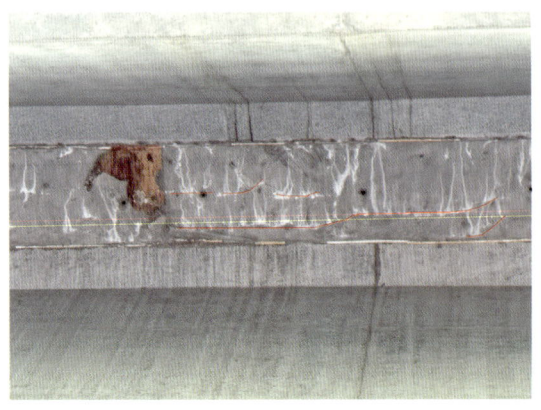
图 1-91　混凝土纵缝 - 渗水印迹断续

图 1-92　混凝土纵缝 - 渗水印迹较连续

1.6.5 底部渗水

（1）病害的特征：预制箱梁湿接缝混凝土底部持续渗水，有的伴随混凝土纵缝（图

1-93),有的伴随混凝土横缝(图 1-94),裂缝处伴随泛白,纵缝有的长达数米而横缝的长度多与湿接缝宽度一致,裂缝宽度多介于 0.2～1mm,裂缝深度与湿接缝厚度一致,纵缝的间距没有明显的规律,横缝的间距多是湿接缝底板钢筋间距的整数倍。

图 1-93 底部渗水伴随混凝土纵缝

图 1-94 底部渗水伴随混凝土横缝

(2) 病害的成因:湿接缝的贯通性裂缝在施工期就已经产生,桥面混凝土铺装与箱梁顶板之间的离缝(图 1-95)多产生于施工期间,运营期间有所发展,同时桥面沥青铺装及防水层的防水功能均已失效,导致桥面积水穿过沥青铺装、桥面防水层、混凝土铺装,进入湿接缝的正上方,并通过裂缝渗透至湿接缝底面。

(3) 病害的危害:湿接缝持续渗水,将引起钢筋锈蚀、膨胀,导致混凝土剥落和局部承载能力降低,对湿接缝的耐久性和适用性影响较大;同时,桥面沥青铺装和防水层的防水功能失效,混凝土铺装与箱梁顶面离缝间积水将加快沥青铺装的水损坏(图 1-96)。

图 1-95 混凝土铺装与箱梁顶板之间离缝

图 1-96 桥面沥青铺装过早出现水损坏

2 预制 T 梁

预制 T 梁是装配式梁桥常用的上部结构形式，其跨径通常介于 20～50m 之间，有简支梁和简支转连续梁两种，底板宽度 40～70cm，腹板厚度 20～60cm，翼缘板厚度一般为 20cm，梁距一般为 230～270cm，不同项目的 T 梁高度、顶板宽度、横隔板数量、湿接缝宽度不尽相同。同等跨径、角度的简支梁或简支转连续梁的钢绞线数量及各孔道的钢绞线配置，不同设计单位的取值也不尽相同，有时差异较大。

工程调研发现，预制 T 梁的腹板、马蹄、横隔板、湿接缝等部位均存在一些较为普遍或典型的病害，如混凝土裂缝、不密实、剥落及钢筋锈蚀等，其中混凝土裂缝最为常见。

2.1 预制 T 梁腹板

T 梁腹板面积大、厚度薄，钢筋保护层厚度小，横隔板数量多，梁端锚下应力水平高，运营期除了承受车辆荷载外，局部还遭受干湿循环、冻融循环、除冰盐侵蚀等作用，容易出现混凝土裂缝、表层剥落及钢筋锈胀等病害。

2.1.1 腹板竖缝

1. 梁端竖缝

（1）病害的特征：腹板竖缝的长度一般介于 30～100cm，宽度一般介于 1～5mm，最大深度一般介于 10cm～ω（ω 为裂缝处腹板厚度），斜交梁两侧腹板的竖缝与梁端之间距离有差异（图 2-1），有的仅有单侧腹板有该类竖缝，而正交 T 梁的裂缝深度多与马蹄宽度一致（图 2-2）；该类竖缝多分布于矮 T 梁且封端混凝土在预应力孔道压浆完毕之后整体后做的情况。

（2）病害的成因：该类裂缝是 T 梁预应力张拉期间产生并于张拉完成后 24h 内基本稳定。产生的主要原因包括但不限于预应力张拉期间远离梁端的底板逐渐脱离制梁底座，T 梁的自重全部由梁端锚具之前的钢筋混凝土承担，导致了混凝土的剪应力过大；梁端底板向跨中方向移动过程中，制梁底座与梁端底板混凝土之间的摩擦导致了混凝土拉应力过大；张拉完成后，裂缝的发展基本停止。

(3) 病害的危害：封端混凝土浇筑期间不能填充该缝隙，外界侵蚀性物质如水、空气等容易接触锚具、夹片和钢绞线，引起锚固体系金属部件的锈蚀，影响后张法预应力体系的安全性与耐久性。

图 2-1　斜交 T 梁腹板竖缝　　　　　　　图 2-2　正交 T 梁腹板竖缝

2. 跨中附近竖缝

(1) 病害的特征：竖缝始于马蹄底部并向翼缘板延伸，长度一般介于 50cm～h（h 为腹板高度 + 马蹄高度），宽度一般介于 0.01～0.2mm，最大深度与该处腹板厚度一致，裂缝呈竖直状（图 2-3）；多分布于 T 梁跨中附近，竖缝数量多的 T 梁可见跨中明显下挠（图 2-4）。

(2) 病害的成因：该类竖缝产生于 T 梁运营期间，产生的主要原因包括但不限于 T 梁断面尺寸和预应力配置不足以承受实际的交通重载，横向相邻 T 梁间的横隔板数量较少或联系失效，桥面铺装平整度不佳，桥梁纵坡较大等。

(3) 病害的危害：该类竖缝是 T 梁承载能力不能满足实际荷载需求的重要表征，

图 2-3　跨中附近腹板竖缝　　　　　　　图 2-4　跨中下挠明显

需要及时评估桥梁的安全性，并采取有效的措施。

3. 随机位置竖缝

（1）病害的特征：竖缝长度一般介于 50cm ～ h（h 为 T 梁腹板高度），宽度一般介于 0.01 ～ 0.2mm，且多贯穿该处腹板，有的竖缝稍微有点倾斜，绝大部分呈竖直状；多分布于梁端变截面区段腹板（图 2-5）和横隔板附近腹板；预应力张拉完毕后，竖缝缝宽变窄但表面有啃边迹象，竖缝贯穿整个腹板厚度（图 2-6）。

（2）病害的成因：该类裂缝多产生于 T 梁模板拆除之前和拆除过程中，在模板拆除之后即可见。主要原因包括但不限于采用的水泥细度高（如比表面积接近甚至超过 400m²/kg）且用量大（如超过 480kg/m³），水胶比偏小（如 $W/B < 0.33$）且拆模时间较晚（如环境温度不低于 20℃时，超过 16h 再拆模），此时混凝土的早龄期收缩受到横隔板模板（采用钢模且刚度较大）的强约束而产生竖缝；T 梁模板拆除时施加给模板的力不均衡、不对称，如用单个千斤顶从梁顶面或底面向外平推模板，模板的另一端将产生较大的平面弯矩，而此时混凝土的强度较低且腹板厚度小，引起了竖向或稍微倾斜的竖缝。

（3）病害的危害：该类裂缝在较早龄期已经产生，在拆模完成后停止发展，并在混凝土保湿养生过程中，裂缝处未水化水泥颗粒继续水化，集料与浆体的界面黏结性能得到一定程度的恢复。在 T 梁施加预应力之后，竖缝缝宽进一步缩小，传递荷载的能力得到进一步恢复。总体而言，该类裂缝对腹板混凝土的整体性有一定影响，在长期运行中可能沿着原生裂缝的位置出现腹板全厚度的宏观裂缝，届时将影响 T 梁的承载能力。

图 2-5 梁端附近腹板竖缝

 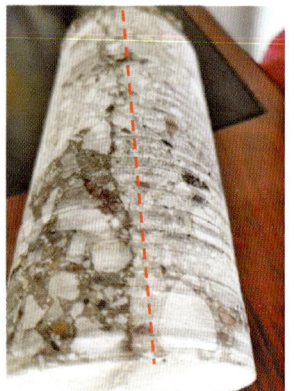

图 2-6 竖缝贯穿腹板厚度

2.1.2 腹板纵缝

1. 顺孔道纵缝

（1）病害的特征：纵缝长度大多介于 200cm～L（L 为 T 梁长度），宽度大多介于 0.02～0.2mm，裂缝多贯穿腹板，有的裂缝表面有渗水印迹甚至持续渗水（图 2-7），多分布于梁端附近区域，也有从梁一端附近持续到另一端附近的（图 2-8）。

（2）病害的成因：该类裂缝产生于孔道压浆完成之后的连续多日最低气温低于 -5℃ 的情况，孔道内积存较大量的自由水，在负温环境下结冰膨胀，导致 T 梁腹板顺预应力孔道的混凝土开裂。若采用的是金属波纹管，孔道内的积水便会通过裂缝渗透至腹板表面，呈现出泛白或混凝土表层脱落等现象。积水结冰时混凝土表面裂缝宽度变大，正温冰融化成液体后裂缝宽度变窄，从开始融化到完全融化过程中，部分融化的水便从缝隙中流出，待完全融化后，裂缝宽度变窄，水分流出的难度变大，当表面水分挥发与从孔道内渗出的速度平衡之后，日常几乎看不见顺孔道裂缝处渗水。

（3）病害的危害：该类裂缝贯穿预应力孔道保护层范围内的混凝土，且孔道内压浆不致密、不饱满，外部空气容易进入孔道内，高应力状态的预应力钢绞线，在潮湿且氧气充足的条件下容易锈蚀，甚至断裂，将严重影响结构的耐久性与安全性。

图 2-7　腹板纵缝伴随渗水

图 2-8　腹板通长纵缝伴随渗水

2. 随机位置水平纵缝

（1）病害的特征：裂缝长度从不足 1m 到十几米不等，宽度一般介于 0.02～0.2mm，裂缝深度与箱梁腹板水平钢筋的保护层厚度一致；边梁有泄水孔侧腹板，多有沿纵缝的水印（图 2-9），有些纵缝伴随有纵向钢筋外露（图 2-10）。

（2）病害的成因：该类裂缝在 T 梁保湿养生结束后的半个月左右陆续出现。产生和发展的路径大致是腹板纵向钢筋的实际保护层厚度偏小甚至露筋，模板上的附着振捣器连续开动的数量过多或连续开动的时间过长，导致钢筋周边富浆而少集料；腹板混凝土向下沉缩的过程中，表层混凝土受水平钢筋的阻碍，不能随内部混凝土同步下沉，在养护结束后的收缩作用下，裂缝逐渐显现。运营期间，在冻融循环、除冰盐作用下，混凝土浆体剥落、钢筋锈蚀膨胀，导致更大范围的混凝土剥落，更多钢筋再外露、锈蚀……

（3）病害的危害：裂缝处钢筋保护层厚度小，裂缝直达钢筋表面，客水流经裂缝时，通过毛细作用抵达钢筋表面，引发钢筋锈胀、表层混凝土剥落，严重影响结构的耐久性与适用性。

图 2-9　T 梁腹板纵缝 - 水印明显　　　　图 2-10　T 梁腹板纵缝 - 纵向钢筋外露

2.1.3 腹板网裂

1. 近梁端网裂

（1）病害的特征：裂缝长度一般不超过 30～50cm，宽度一般介于 0.01～0.1mm，深度一般介于 1～3cm；多分布于靠近 T 梁端部的腹板，网裂严重的区域，有的混凝土略显浅白色（图 2-11），有的混凝土略显深灰色（图 2-12），呈浅白色区域的网裂单元较深灰色区域的网裂单元小得多，且回弹值也是后者高于前者。

（2）病害的成因：该类裂缝在箱梁混凝土保湿养生结束后半个月左右陆续出现。网裂区域颜色浅白的，多是因为靠近梁端的腹板高度中上部的粗细集料少，净浆或含有少量细集料的砂浆在梁端附近聚集，在混凝土保湿养生结束后，干燥失水收缩导致裂缝的产生和发展，该区域混凝土的回弹值一般低于周边颜色较深区域的。网裂区域颜色深灰的，多是因为 T 梁腹板表面降温过快，尤其是混凝土表面温度高时，立即接触了温度较低的养生水，该区域混凝土的回弹值与周边的一般无明显差异。

（3）病害的危害：裂缝削弱了混凝土对钢筋的保护功能，尤其是外边梁外腹板的桥梁伸缩缝或泄水孔附近，桥面积水（有时含除冰盐）流经裂缝而加快钢筋锈蚀、膨胀、混凝土顺筋剥落，影响结构的耐久性和适用性。

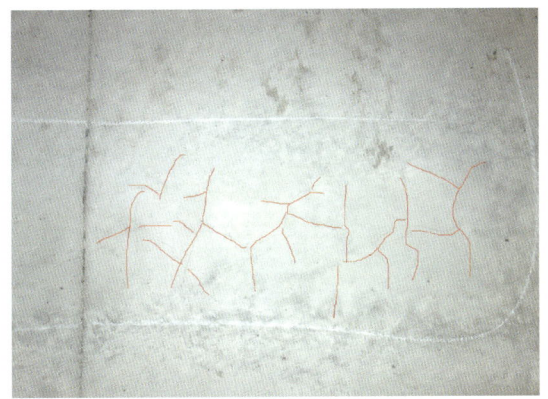
图 2-11　T 梁腹板网裂（浅白）

图 2-12　T 梁腹板网裂（深灰）

2. 随机位置网裂

（1）病害的特征：裂缝密度大（图 2-13），裂缝长度一般不超过 20cm，裂缝深度一般不超过 1cm，边梁布置泄水孔侧的腹板尤为明显（图 2-14），该类裂缝在梁长度方向上的分布没有明显规律。

图 2-13　T 梁腹板网状裂缝密度大

图 2-14　泄水孔正下方的腹板网状裂缝

（2）病害的成因：该类网裂多产生于 T 梁混凝土保湿养生结束后的一段时间，并在运营期显得越发明显。不当的操作包括但不限于混凝土用水量过大，腹板模板上的附着式振捣器过振引起混凝土表层浆体多且水灰比明显偏大，保湿养生结束后，干燥失水收缩导致裂缝的产生和发展，在桥梁积水流经裂缝区域时，水分向裂缝内部渗透，显得裂缝与周边无缝区域的颜色对比更明显。

（3）病害的危害：由于裂缝宽度和深度都很小，钢筋保护层实际厚度符合环境作用要求，该类网状裂缝对结构耐久性和适用性的影响不大。

2.1.4 腹板其他病害

1. 腹板钢筋锈蚀

（1）病害的特征：T 梁腹板靠近梁端的变截面区段钢筋锈蚀膨胀（图 2-15）、保护层范围的混凝土剥落（图 2-16），该类病害多分布于泄水管附近，病害面积有大有小，一般不小于 $2m^2$。

（2）病害的成因：腹板靠近梁端的变截面区段，T 梁钢筋骨架的宽度偏大、加工精度不高导致局部钢筋保护层厚度偏小；施工期间顺最外侧钢筋有原生裂缝、桥面泄水管太短或桥面泄水管周边密封性差导致桥面积水（含除冰盐水）流经箱梁腹板，导致腹板表层钢筋锈蚀。

（3）病害的危害：钢筋锈蚀膨胀，引起钢筋周边混凝土剥落，随着时间的推移，腹板深处的钢筋便陆续锈蚀膨胀，严重影响结构的耐久性与适用性。

图 2-15 钢筋锈蚀 - 泄水管正下方

图 2-16 钢筋锈蚀伴随混凝土顺筋剥落

2. 腹板混凝土剥落

（1）病害的特征：腹板混凝土剥落有的产生于边梁泄水管正下方附近而其他部位无剥落（图 2-17），有的产生于无客水流经的中梁腹板（图 2-18），剥落面积和剥落深度无明显规律。

（2）病害的成因：对于有客水（从防撞护栏底部流入的雨水和泄水管周边渗出的桥面积水，有时还含有除冰盐）流经区域的混凝土剥落，大多是混凝土的用水量较大，腹板模板上的附着式振捣器过振引起混凝土表层浆体多，运营期间客水流经，在冻融循环和除冰盐作用下产生和发展的；对于始终没有客水流经区域的剥落，则多是模板顶部拉杆松动过早、局部侧模向外张开过程中带动表层浆体剥落，拆模时即可见。

（3）病害的危害：运营期开始并持续的剥落，会不断削弱钢筋保护层的功能，引发钢筋锈蚀，钢筋锈蚀膨胀又导致钢筋周边混凝土剥落，如此往复，影响结构的耐久性与适用性；施工期产生而运营期无变化的剥落，对结构的使用功能影响很小。

图 2-17 腹板混凝土剥落 - 边梁

图 2-18 腹板混凝土剥落 - 中梁

2.2 预制 T 梁马蹄

T 梁马蹄断面尺寸小、模板拼缝多、孔道布设数量多，容易导致混凝土不密实、露筋等缺陷；运营期间，马蹄局部会遭受干湿循环、冻融循环、除冰盐侵蚀等作用，容易出现混凝土裂缝、剥落及钢筋锈胀等病害。

2.2.1 马蹄不密实

1. 侧面不密实

（1）<mark>病害的特征</mark>：T梁马蹄侧面的不密实多以蜂窝（图2-19）和空洞（图2-20）的形式存在，分布长度一般介于50～500cm，不密实的深度可贯穿预应力孔道之外的混凝土。

（2）<mark>病害的成因</mark>：该类混凝土不密实产生于混凝土浇筑过程，在模板拆除后即可见。T梁马蹄侧面是振捣盲区，当混凝土流动性不佳或出现明显离析时，先期散落在马蹄侧面的粗集料的间隙不能被后续混凝土填充饱满所致，也可能是侧面模板与制梁台座侧面之间密封效果较差，振捣期间浆体流走所致，这种情况主要表现为自马蹄底部向上一定范围连续不密实（图2-19）；当T梁混凝土浇筑不连续、间隔时间较长时，先期浇筑的混凝土居于马蹄底部和钢筋表面，导致后续混凝土的流经空间变小，不容易饱满密实，这种情况主要表现为马蹄底部向上一定高度范围内混凝土密实，其上有一定高度的空洞（图2-20）。

（3）<mark>病害的危害</mark>：不密实区域的混凝土对钢筋和金属波纹管的保护功能大打折扣，环境中的氧气、水汽会引起钢筋锈蚀且有足够的空间容纳锈蚀产物，使得该类病害的危害不易被及时发现；金属波纹管将会过早锈穿，压浆料在空气中极容易碎裂，钢绞线一旦暴露在空气中便会迅速锈蚀，最终将影响结构的安全性。

图 2-19　马蹄侧面不密实 - 蜂窝

图 2-20　马蹄侧面不密实 - 空洞

2. 底面不密实

（1）<mark>病害的特征</mark>：T梁马蹄底面的不密实多以蜂窝（图2-21）和空洞（图2-22）

的形式存在，分布长度一般介于 50～200cm，不密实的深度多贯穿预应力孔道之外的混凝土。

（2）病害的成因：该类混凝土不密实产生于混凝土浇筑过程中，在 T 梁提离台座时即可见。T 梁预应力孔道的直径较大，马蹄底面是振捣盲区，尤其是预应力孔道从腹板进入马蹄的过渡区段，当混凝土流动性不佳或出现明显离析时，零星散落在马蹄底部的混凝土未得到充分振实，从而形成蜂窝和空洞。

（3）病害的危害：不密实区域的混凝土对钢筋和金属波纹管保护功能大打折扣，环境中的氧气、水汽会引起钢筋锈蚀且有足够的空间容纳锈蚀产物，使得该类病害的危害不易被及时发现，影响结构的耐久性和适用性；金属波纹管锈穿后压浆料便暴露在空气中，开裂脱落后钢绞线便会迅速锈蚀，严重影响结构的安全性。

图 2-21　马蹄底面不密实 - 蜂窝

图 2-22　马蹄底面不密实 - 空洞

2.2.2　马蹄纵缝

1. 侧面顺孔道纵缝

（1）病害的特征：裂缝长度大多介于 400cm～L_3（L_3 为 T 梁马蹄范围内钢绞线的长度），宽度一般介于 0.02～0.5mm，裂缝深度不小于该处预应力孔道的保护层厚度。对于边梁安装泄水管的一侧，由于桥面积水流经裂缝区域，导致裂缝长度方向上有泛白印迹（图 2-23），对于其他区域的纵缝则没有泛白印迹（图 2-24），除非孔道内同时存在积水。

（2）病害的成因：T 梁的预应力孔道直径大，钢绞线布置集中，大直径的孔道削弱了横断面上混凝土的联系,汽车荷载作用在 T 梁上时会引起跨中下挠(尤其是汽车荷载产生的弯矩接近 T 梁的承受能力时),导致预应力孔道与其周边混凝土之间有较高频率的相对错动,由于孔道的纵剖面呈起伏状,错动过程中在孔道周边产生较大的径向应变,从而在距离孔道外表面最近的位置产生顺孔道的纵缝。

(3) 病害的危害:该类纵缝贯穿预应力孔道表面之外的混凝土,若采用金属波纹管,则边梁布置泄水管的一侧,桥面积水若流经该纵缝表面,将会引起金属波纹管和钢绞线的锈蚀,处于高应力水平的钢绞线极易锈蚀,甚至断裂,箱梁的有效预应力明显降低,严重危害结构的安全。

图 2-23　马蹄侧面顺孔道纵缝 - 泛白　　　图 2-24　马蹄侧面顺孔道纵缝

2. 底面顺孔道纵缝

(1) 病害的特征:裂缝长度大多介于 400cm ~ L_3(L_3 为 T 梁马蹄范围内钢绞线的长度),宽度一般介于 0.02 ~ 0.2mm,裂缝深度不小于该处预应力孔道的保护层厚度。有些裂缝伴有渗水泛白印迹(图 2-25),大多纵缝呈断续状(图 2-26)。

(2) 病害的成因:该类病害是运营期产生并不断发展的。无渗水泛白印迹的纵缝,是因为在汽车荷载作用下 T 梁跨中下挠(尤其是汽车荷载产生的弯矩接近 T 梁的承受能力时),导致预应力孔道与其周边混凝土之间有较高频率的相对错动,由于孔道的纵剖面呈起伏状,错动过程中在孔道周边产生较大的径向应变,从而在距离孔道外表面最近的位置产生顺孔道的纵缝。在纵缝处伴随有泛白印迹且运营期间无客水流经,除了前述原因之外,孔道内有积水是该纵缝产生和发展的另一重要原因。

(3) 病害的危害:该类纵缝贯穿预应力孔道表面之外的混凝土,若采用金属波纹管,对于边梁布置泄水管的一侧,桥面积水若流经该纵缝,将会引起金属波纹管和钢绞线的锈蚀,若 T 梁的孔道内同时积水,则钢绞线的锈蚀将更早发生,严重危害结构的安全性和耐久性。

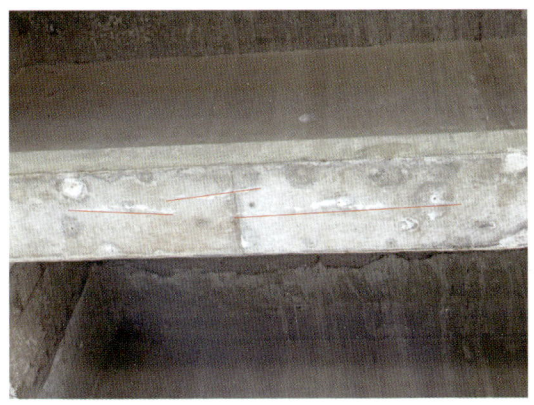
图 2-25 底面顺孔道纵缝伴渗水泛白印迹

图 2-26 底面顺孔道纵缝呈断续状

2.2.3 马蹄其他病害

1. 侧面混凝土破损

（1）病害的特征：破损处裂缝的长度大多介于 100～200cm，缝宽较大（图2-27），有的会超过 2mm，裂缝深度一般不超过该处预应力孔道的保护层厚度，裂缝走向较为随机，但往往围成一个封闭形状，有的出现较大面积混凝土脱落、钢筋外露（图2-28）。

（2）病害的成因：该类破损主要产生于施工期，包括但不限于 T 梁梁端马蹄底部侧面跑模呈底宽上窄状，预应力张拉或提梁时，局部混凝土与制梁台底座钢板之间剐蹭导致局部应力水平过高而破损；或者马蹄内预应力孔道局部明显不顺直，钢绞线张

图 2-27 马蹄侧面混凝土破损

图 2-28 马蹄侧面混凝土脱落露筋

拉过程中，过大的径向力导致该处钢筋保护层范围内的混凝土开裂，甚至脱落。

（3）病害的危害：破损深度贯穿该处钢筋保护层厚度，容易引起钢筋锈蚀，影响结构的耐久性和适用性。

2. 底面钢筋锈蚀

（1）病害的特征：马蹄底面横向箍筋锈蚀，有的锈蚀钢筋长度较短且集中在某一侧（图 2-29），有的是整个马蹄宽度的箍筋均锈蚀（图 2-30）。

（2）病害的成因：这类钢筋锈蚀是施工期钢筋保护层厚度小甚至露筋，T 梁提离台座即可见，在运营期间外露钢筋逐渐锈蚀。不当的操作包括但不限于腹板钢筋骨架吊装至模板内时竖向上有倾斜，某一侧面紧贴台座模板而另一侧翘起，马蹄底部的垫块未绑扎或绑扎不牢导致局部全宽度钢筋外露。

（3）病害的危害：箍筋直接暴露于大气环境中，容易发生锈蚀膨胀，进一步引起锈蚀钢筋周边的混凝土剥落，影响结构的耐久性和适用性。

图 2-29　底面箍筋某一侧锈蚀　　　　图 2-30　底面箍筋全宽度锈蚀

2.3　预制 T 梁翼缘板

T 梁翼缘板厚度较薄，根部与腹板相连，底面与横隔板相连，侧面布置若干 U 形钢筋，受模板支撑不合理、拆模方式不规范、服役环境恶劣等的影响，一些施工缺陷逐渐演变成更加严重的病害，运营期翼缘板底面常见的病害主要有混凝土裂缝（纵缝、横缝、斜缝）、渗水、剥落等。

2.3.1 翼缘板纵缝

（1）病害的特征：T梁翼缘板根部较长纵缝，有的裂缝处有渗水印迹（图2-31），有的无渗水印迹（图2-32），裂缝长度多介于100cm～L（L为T梁长度），裂缝深度大多贯穿该处的翼缘板厚度，尤其是有渗水印迹的，裂缝宽度多介于0.2～1mm，在T梁长度方向上没有明显的分布规律，但T梁横隔板前后多发。

（2）病害的成因：该类纵缝多产生于混凝土浇筑期间或拆模过程中，并在拆除模板后即可见。裂缝产生的原因包括但不限于T梁混凝土浇筑时间与其失去塑性的时间不匹配、混凝土浇筑期间模板活动幅度过大、拆模时箱梁混凝土的强度偏低、拆模不规范导致翼缘板根部受力过大；在运营期间，翼缘板正上方的混凝土铺装、桥面防水层和沥青铺装的防水全部失效，导致桥面积水沿着裂缝渗出。

（3）病害的危害：翼缘板根部仅有泛白而无渗水的纵缝，对结构的使用功能影响较小；若纵缝处持续渗水，一旦钢筋开始锈蚀将影响结构的耐久性和适用性。

图2-31 翼缘板根部纵缝-渗水泛白

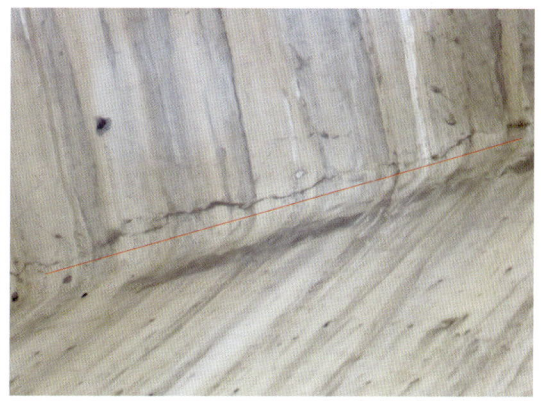
图2-32 翼缘板根部纵缝-无渗水印迹

2.3.2 翼缘板横缝

（1）病害的特征：T梁翼缘板横缝，有的运营期依然渗水（图2-33），有的仅有泛白印迹（图2-34），裂缝长度大多与该侧翼缘板宽度一致，裂缝宽度多介于0.02～0.5mm，有泛白迹象的横缝必有局部已经贯穿翼缘板厚度，但不一定全裂缝长度都贯通，该类裂缝在箱梁长度方向上没有明显的分布规律，但裂缝间距一般是翼缘板横向钢筋间距的整数倍。

（2）病害的成因：翼缘板横缝多在模板固定件拆除或模板拆除过程中产生，在模板拆除完后即可见。该类横缝产生与发展的路径是模板顶部对拉杆拆除或模板拆除过程中，模板对翼缘板外露钢筋的扰动引起，包括但不限于液压模板拆模时与翼缘板外露钢筋剐蹭导致钢筋周边混凝土扰动，非液压模板的梳齿板模板与外露钢筋勾连，用力敲击梳齿板模板引起的外露钢筋周边混凝土扰动。箱梁养生水或顶板积水从翼缘板顶面流至底面，将裂缝两侧的氢氧化钙携带至翼缘板底面，水分挥发后，氢氧化钙结晶或遇二氧化碳后生成碳酸钙（泛白物）。

(3) 病害的危害：翼缘板混凝土在早龄期遭受钢筋扰动而出现裂缝，随着胶凝材料的进一步水化反应，裂缝区域的混凝土强度有一定程度的恢复。只有泛白迹象而无持续渗水的横缝，对结构的使用性能影响很小；持续渗水的横缝，其周边桥面铺装的防水功能已经失效，桥面沥青铺装的水损坏会持续发生，横缝处的钢筋一旦锈蚀，将会影响结构的耐久性与适用性。

图 2-33　翼缘板横缝 - 持续渗水

图 2-34　翼缘板横缝 - 仅有泛白印迹

2.3.3　翼缘板斜缝

(1) 病害的特征：T 梁翼缘板斜缝多发生于无横隔板侧的梁端，裂缝长度大多介于 20cm～1.4L_2（L_2 为边梁外侧翼缘板宽度），裂缝宽度多介于 0.1～5mm，深度多贯穿整个翼缘板厚度，有时裂缝只有一条（图 2-35），有时裂缝有多条且呈辐射状（图 2-36）。

(2) 病害的成因：无横隔板侧梁端的翼缘板斜缝多为 T 梁提梁、运输、架设及梁上运梁期间产生，并于混凝土铺装完成后即可见。主要是翼缘板根部混凝土在上述某个施工环节所受弯矩过大导致的，不当的操作包括但不限于运输 T 梁时，为防止 T 梁侧翻，用方木斜撑翼缘板，用钢丝绳绕梁端翼缘板将其固定在运输车上，道路路况不佳导致翼缘板根部弯矩过大；边梁吊装至盖梁上时，为了防止 T 梁侧向倾斜，在无横隔板侧增设方木支撑，梁上运梁时，支座和方木支撑点的竖向变形不同步且方木竖向变形小导致翼缘板根部弯矩过大。

（3）病害的危害：裂缝贯穿翼缘板且裂缝较宽，裂缝两侧的混凝土完全断开，局部承载能力大幅削弱，同时会引起裂缝处的钢筋锈蚀，影响结构耐久性与适用性。

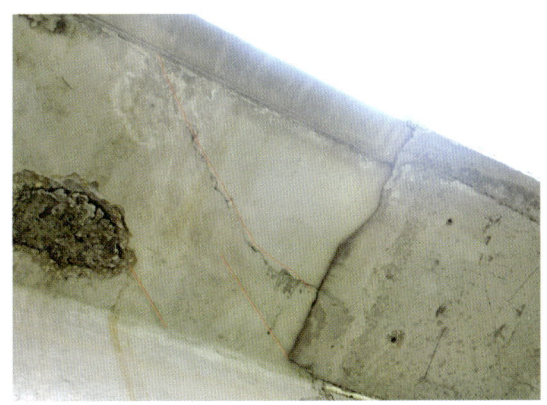 

图 2-35　翼缘板斜缝（单条）　　　　图 2-36　翼缘板斜缝（多条，辐射状）

2.3.4　翼缘板混凝土剥落

（1）病害的特征：T 梁翼缘板混凝土剥落，并伴随钢筋锈蚀，有的分布于翼缘板较长范围（图 2-37），有的仅分布于泄水管附近（图 2-38），剥落面积有大有小，大的数十平方米，小的不足 $1m^2$。

（2）病害的成因：该类病害是运营期产生、发展，并越发严重的。可能的过程有两类，一类是混凝土剥落后钢筋锈蚀，翼缘板早期损伤严重，出现贯穿翼缘板厚度的损伤，混凝土铺装、沥青铺装及桥面防水层的防水功能全部失效，导致桥面积水流至翼缘板底面，在冻融循环、除冰盐侵蚀的作用下，翼缘板底部混凝土表层剥落，然后钢筋锈蚀；第二类是钢筋锈胀后混凝土剥落，翼缘板底钢筋的净保护层厚度偏小、桥面泄水管太短或桥面泄水管周边不密封导致桥面积水流经 T 梁翼缘板，导致钢筋锈胀后混凝土剥落。

（3）病害的危害：混凝土剥落后钢筋锈蚀的，混凝土完整性较差，局部承载能力削弱明显；钢筋锈蚀后混凝土剥落的，只要混凝土性能良好且钢筋锈蚀得不严重，对局部承载能力的削弱便不明显；无论哪种路径，都严重影响结构的耐久性与适用性。

图 2-37 较大范围的混凝土剥落　　图 2-38 泄水管周边的混凝土剥落

2.4 预制 T 梁后浇带

T 梁后浇带是先简支后连续梁特有的，其作用是将前后相邻两片预制 T 梁连接起来并将上部荷载传递给下部结构。后浇带横断面与 T 梁一致，纵向长度约 1m，底部钢筋间距较小，大多采用焊接方式连接。外侧模板要与前后 T 梁紧密贴合，底面模板与支座钢板紧密贴合，模板支立难度较大。后浇带常见的病害主要有混凝土不密实、露筋，运营期发现的绝大部分病害源于施工缺陷。

2.4.1 后浇带底部空洞露筋

(1) 病害的特征：简支转连续梁的后浇带底部有空洞和钢筋外露。

(2) 病害的成因：该类问题是后浇带混凝土浇筑期间即已产生，模板拆除后即可见，主要是钢筋保护层范围内的混凝土不完整或者更深范围的混凝土不完整，产生的原因包括但不限于后浇带混凝土流动性不佳，加之振捣不充分（图 2-39），后浇带底部钢筋间距小且混凝土粗集料粒径偏大（图 2-40）。

(3) 病害的危害：钢筋保护层范围内的混凝土不密实，可能引起后浇带底部混凝土压碎，从而导致左右相邻支座承受的荷载明显增加，引起横隔板竖缝和湿接缝纵缝；后浇带底部大多远离外部明水，钢筋锈蚀较慢，单纯露筋对结构的安全性影响不大，对结构的耐久性和适用性有一定影响。

图 2-39 混凝土不密实-流动性不佳　　图 2-40 混凝土不密实-钢筋间距小

2.5 预制 T 梁横隔板

T 梁横隔板有的预制一部分、现浇一部分,有的全部现浇;横隔板常见病害主要包括混凝土竖缝、斜缝、不密实、露筋等,运营期发现的绝大部分病害是源于施工缺陷。

2.5.1 横隔板竖缝

(1)病害的特征:有的竖缝存在于横隔板根部(图 2-41),有的分布于横隔板新旧混凝土接缝处(图 2-42),竖缝长度多与横隔板高度一致,裂缝宽度多介于 0.02~1mm,竖缝宽度在横隔板高度方向上没有规律,有的上下宽度接近,有的上窄

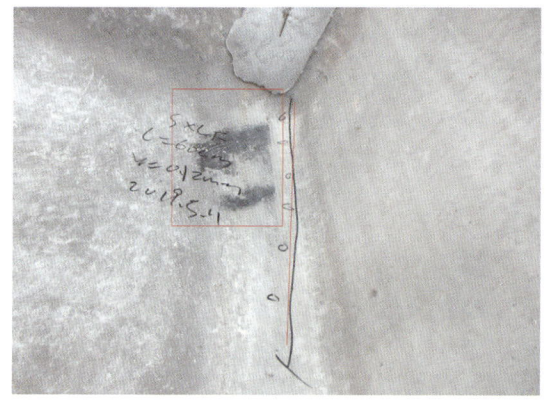 

图 2-41 横隔板根部竖缝　　图 2-42 横隔板新旧混凝土接缝处竖缝

下宽，有的上宽下窄，裂缝深度多与横隔板厚度接近；同一横隔板上的该类竖缝大多有 1～2 条。

(2) 病害的成因：横隔板根部的竖缝产生于拆模过程中，并在模板拆除后即可见且运营期无明显发展；横隔板新旧混凝土接缝处的竖缝多在简支与连续梁转换过程中产生，并在运营期无明显发展。不当的操作包括但不限于 T 梁腹板模板拆除不规范，临时支座与永久支座的高程不匹配，相邻两片 T 梁的临时支座高程不匹配。

(3) 病害的危害：该类竖缝对箱梁安全性影响不大，若运营期间无客水流经，则对结构的耐久性和适用性影响也较小。

2.5.2 横隔板斜缝

(1) 病害的特征：该类斜缝多分布于横隔板的上部或下部边角附近，裂缝长度大多介于 30cm～H_1（H_1 为横隔板高度），裂缝宽度多介于 0.2～2mm，裂缝深度大多介于 c～h（c 为横隔板钢筋保护层厚度，h 为横隔板厚度）；该类斜缝两侧多有轻微不平且周边多伴有模板剐蹭痕迹（图 2-43）。

(2) 病害的成因：该类斜缝有的是箱梁拆模过程产生并在运营期无明显发展，主要原因是模板尺寸精度不高、使用过程中变形过大、横隔板角度偏大等导致拆模难度大，拆模期间局部荷载过大；有的是运营期间产生且发展的，主要是梁端堆积的混凝土阻碍了 T 梁因气温升高而引起的伸长（图 2-44），导致局部应力过大而开裂。

(3) 病害的危害：该类斜缝对箱梁安全性影响不大，若运营期间无客水流经，则对结构的耐久性和适用性影响也较小。

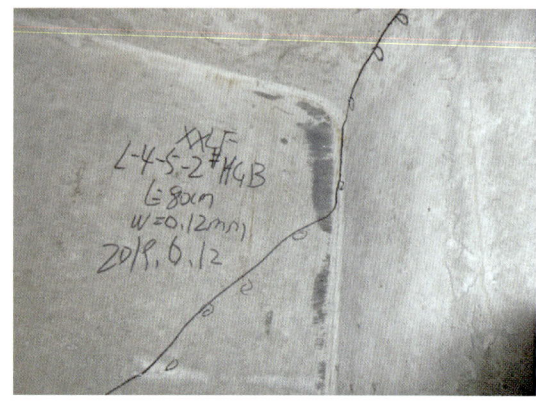
图 2-43　横隔板斜缝 - 剐蹭

图 2-44　横隔板斜缝 - 梁端堆积混凝土

2.5.3 横隔板露筋

(1) 病害的特征：主要有三类，第一类是横隔板底部混凝土不密实而露筋（图2-45），混凝土严重缺失的区域外露钢筋多平齐断裂（图2-46），第二类是横隔板底部钢筋锈胀引起混凝土脱落而露筋（图2-47），第三类是横隔板底部钢筋未连接混凝土脱落而露筋（图2-48）。

(2) 病害的成因：第一类露筋是混凝土浇筑期间已经产生，并在模板拆除后即可见，产生的过程包括但不限于横隔板预留钢筋直径大、水平搭接导致钢筋间距更小，混凝土粗集料粒径偏大或明显离析导致横隔板混凝土在浇筑期间，砂浆或净浆经粗钢筋间隙流至底部，但混凝土并未填充粗钢筋周边空间（图2-45），在运营期间粗钢筋承受疲劳荷载而发生平齐断裂（图2-46）。第二类是横隔板混凝土不密实且运营期有客水流经，引起钢筋锈蚀膨胀，导致钢筋周边混凝土剥落而露筋（图2-47）。第三类是横隔板底部粗钢筋未有效连接，在运营期间，粗钢筋活动明显，周边混凝土开裂脱落而导致钢筋外露（图2-48）。

图 2-45 底部露筋-混凝土空洞

图 2-46 底部露筋-钢筋平齐断裂

图 2-47 底部露筋-钢筋锈胀混凝土脱落

图 2-48 底部露筋-底板钢筋未连接

（3）病害的危害：对于运营期间无客水流经的，钢筋锈蚀较慢，单纯露筋对结构的安全性影响都不大；但有客水流经的，钢筋锈蚀较快，严重影响耐久性；对于粗钢筋平齐断裂的，相邻 T 梁的横向联系严重受损，容易导致单梁受力，甚至出现顺 T 梁湿接缝的沥青铺装纵缝。

3 预制空心板梁

预制空心板梁是装配式梁桥中占比非常大的上部结构形式，有钢筋混凝土空心板梁和预应力混凝土空心板梁，其中预应力混凝土空心板梁又有先张预应力空心板梁和后张预应力空心板梁两种，先张法空心板梁的钢绞线布置于底板，后张法空心板梁的钢绞线布置于腹板。钢筋混凝土空心板跨径为 6m、8m，近些年已经较少采用。预应力空心板跨径多为 10m、13m、16m、20m，有简支和简支转连续两种，底板宽度大多为 99cm，也有 124cm 的，腹板厚度 10～12cm，顶板厚度 10～12cm，梁高一般介于 65～95cm。同等跨径、角度的简支梁或简支转连续梁的钢绞线配置，各设计单位之间也不尽一致。

工程调研发现，空心板梁及铰缝等存在一些较为普遍或典型的病害，如底板横缝、斜缝、纵缝、渗水、空洞、混凝土剥落，腹板斜缝、纵缝、竖缝，翼缘板横缝、纵缝、渗水、露筋、混凝土剥落，铰缝渗水等。

3.1 预制空心板梁底板

早期的内模多采用气囊芯模，在采取措施阻止气囊上浮时却忽略了气囊对底板空间的侵占，加之混凝土材料性质不佳、浇筑过程不规范、支座安装不规范、交通荷载远超设计标准等，导致运营期间底板出现大量的病害，主要有纵缝、横缝、斜缝、渗水、空洞及混凝土剥落，其中以底板纵缝、渗水最为常见。

3.1.1 底板纵缝

1. 梁端底板纵缝

（1）病害的特征：该类纵缝多分布于空心板梁底板端部附近，裂缝长度大多介于 50～100cm，裂缝宽度多介于 0.02～0.5mm，裂缝最大深度与底板厚度一致，裂缝处多伴随渗水（图 3-1），梁端裂缝一般 1～2 条，且多居于底板宽度中部，出现此类问题的铰缝状态良好，有的裂缝两侧平顺而有的可见明显高差。

（2）病害的成因：该类纵缝多是施工期间即已产生，梁端底板预应力失效管较多（图 3-2），当梁端底板中部预应力失效管内进入砂浆，预应力放张期间，钢绞线带动着失效管内的砂浆向跨中方向回缩，引发顺失效管底板的混凝土开裂，梁内养生水顺裂缝渗出所致；也有在运营期产生并发展的，主要原因多是梁端支座高程不匹配，导致支座受力不均，而铰缝品质良好，底板宽度中部应力水平过高。

（3）病害的危害：该类纵缝对空心板梁的安全性影响不大，但会引发钢绞线的锈蚀膨胀，引起底板更大范围的混凝土开裂，影响结构的耐久性和适用性。

图 3-1　梁端底板纵缝-渗水

图 3-2　底板预应力失效管（白色）较多

2. 底板纵缝且伴随渗水

（1）病害的特征：空心板梁底板纵缝长度大多介于 200cm～L（L 为空心板梁长度），裂缝宽度多介于 0.02～0.2mm，裂缝最大深度与底板厚度一致，裂缝处多伴随渗水（图 3-3），每片梁底板纵缝数量多为 1～2 条，有的纵缝较直，有的纵缝弯曲，出现该类纵缝的梁底板颜色多不均匀（图 3-4）。

（2）病害的成因：该类纵缝多在空心板梁运营期产生，主要是空心板梁局部底板

图 3-3　底板纵缝渗水

图 3-4　底板混凝土色差明显

厚度明显小于设计厚度，包括但不限于气囊芯模侵入底板过多，导致底板宽度中部厚度严重偏小，或浇筑工艺不当导致的底板顶面局部混凝土不密实、不完整、不匀质等，尤其是底板某些区域富砂浆而少粗集料，在干燥失水过程中产生裂缝，内部积存的养生水或从顶板进入内部的雨水经由纵缝渗出。

（3）病害的危害：该类纵缝是底板局部混凝土厚度不足的主要表现形式，会引起钢绞线锈蚀膨胀，引起底板更大范围的混凝土开裂，影响结构耐久性和适用性。

3. 底板纵缝（中板）

（1）病害的特征：空心板梁底板纵缝长度大多介于 100～1000cm，裂缝宽度多介于 0.02～0.5mm，裂缝最大深度与底板厚度一致，裂缝处多伴有渗水泛白印迹（图 3-5），有些伴随黄色或红色渗出物（图 3-6），该类纵缝多分布于钢绞线正下方，出现该类纵缝的梁底板颜色多均匀一致。

（2）病害的成因：钢绞线周围的混凝土拉应变过大是根本原因，原因包括但不限于底板混凝土不足以握裹住钢绞线，使得钢绞线与其周围混凝土发生相对滑移，引起底板顺钢绞线的纵缝和钢绞线的锈蚀，梁内积水（携带钢绞线和钢筋的锈蚀产物）沿着贯通裂缝渗出；或预应力失效管局部密封不佳，施工期进入了砂浆，预应力放张期间，钢绞线带动着失效管内的砂浆向跨中方向回缩，引起失效管径向膨胀，混凝土开裂，梁内积水（携带钢绞线和钢筋的锈蚀产物）顺裂缝渗出所致。

（3）病害的危害：该类纵缝是钢绞线、失效管与周围混凝土变形不协调的主要表现，裂缝本身会引发钢绞线和钢筋锈蚀膨胀，引起底板更大范围的混凝土开裂，影响结构耐久性和适用性。

图 3-5　底板纵缝伴随渗水　　　　　　图 3-6　底板纵缝伴随黄色渗出物

4. 底板纵缝（边板）

（1）**病害的特征**：该类纵缝多分布于空心板梁边板，裂缝长度大多介于200cm～L（L为空心板梁长度），裂缝宽度多介于0.5～10mm，裂缝最大深度与底板厚度一致，多居于底板宽度中部，存在该类病害的铰缝往往状态良好。有的纵缝分布于跨中附近（图3-7），局部混凝土已经脱落（图3-8）；有的遍布整个梁长底板（图3-9），且钢绞线已经锈蚀（图3-10）。

（2）**病害的成因**：该类纵缝在运营期产生并发展，是边板底板宽度中部混凝土的应力水平高且底板箍筋配筋率低所致，包括但不限于边板与混凝土防撞护栏有效连接致使惯性矩较相邻其他空心板大很多，当相邻边板上车辆荷载过大时，容易在边板底板宽度中部产生过大的剪力，导致边板底板中部产生纵缝。

（3）**病害的危害**：该类纵缝是底板中部剪应力过大的重要表现，单就纵缝而言，会引发钢绞线、钢筋锈蚀，引起底板更大范围的混凝土开裂，严重影响结构的安全性。

图3-7 跨中附近纵缝-伴随渗水

图3-8 跨中附近纵缝-混凝土脱落

图3-9 全梁长纵缝-伴随渗水

图3-10 全梁长纵缝-钢绞线锈蚀

3.1.2 底板横缝

1. 近梁端横缝

（1）病害的特征：该类横缝存在于空心板梁底板端部，裂缝长度与空心板底板宽度一致，裂缝宽度多介于 0.2～3mm，裂缝最大深度与底板厚度一致，多分布于梁端腔内实心段与空心段交界处，有的横缝伴随渗水印迹（图 3-11），存在该类横缝的边梁，腹板多有竖缝与底板横缝相连（图 3-12）。

（2）病害的成因：该类横缝是在运营期产生并发展的，原因包括但不限于梁端腔内实心段与空心段的惯性矩差异大，当车辆轴载过大时紧邻空心段一侧的剪应力过大而开裂，腔内的养生水或空心板梁顶板渗入的雨水顺横缝渗出。

（3）病害的危害：该类横缝是底板局部剪应力过大的重要表现，结构的安全性明显降低；单就裂缝而言，还会引发钢绞线、钢筋锈蚀，引起底板更大范围的混凝土开裂。

图 3-11　梁端底板横缝-伴随渗水　　　图 3-12　腹板竖缝与底板横缝相连

2. 跨中横缝

（1）病害的特征：该类横缝存在于空心板梁底板跨中附近，裂缝长度与空心板底板宽度一致，裂缝宽度多介于 0.02～0.2mm，裂缝最大深度与底板厚度一致，横缝的间距多为底板箍筋间距的整数倍，大多是同时存在多条横缝（图 3-13），有的横缝伴随渗水泛白（图 3-14）。

（2）病害的成因：该类横缝是在运营期产生并发展的，原因包括但不限于空心板梁的抗弯承载能力不满足实际交通荷载的要求，跨中附近底板混凝土的拉应力过大，内腔的积水从缝隙渗出或铰缝内积水横向渗入缝隙。

(3) 病害的危害：该类横缝是底板混凝土拉应力过大的重要表现，预应力空心板梁的安全性已明显降低；渗水的裂缝还会引发钢绞线、钢筋锈蚀，引起底板更大范围的混凝土开裂。

图 3-13　底板跨中附近多条横缝

图 3-14　底板横缝伴随渗水泛白

3. 随机位置横缝

（1）病害的特征：该类横缝在空心板梁底板的分布位置较为随机，有的在跨中附近，有的在梁端附近，有的在梁板的某一端，有的两个梁端均有（图 3-15），裂缝长度大多较空心板底板宽度小，有时在较短的范围内出现多条横缝（图 3-16），裂缝宽度多介于 0.02～0.2mm，裂缝深度一般不超过底板箍筋的保护层厚度，极少板有渗水或泛白迹象。

（2）病害的成因：该类横缝多是施工期即已产生，主要原因是混凝土强度较低时钢筋扰动所致，不当操作包括但不限于气囊芯模向外拖曳时，扰动了芯模的定位钢筋和底板箍筋，使得底板箍筋周围混凝土开裂，随着龄期的延长，裂缝两侧混凝土中未

图 3-15　底板横缝随机分布

图 3-16　底板局部横缝较为集中

水化的水泥继续水化，混凝土的强度有一定程度的恢复，钢绞线放张时，空心板梁向上起拱，底板的横缝表面宽度又会变小。

（3）病害的危害：横缝会削弱底板混凝土对钢筋的保护，引发底板箍筋锈蚀；只要底板无持续的渗水或底板横缝无明显的变化，则对结构的安全性、耐久性影响都不大。

3.1.3 底板斜缝

（1）病害的特征：该类斜缝多存在于空心板梁靠近梁端的底板，斜缝两端与底板边缘相交，裂缝宽度多介于 0.02～0.2mm，裂缝深度一般与底板厚度一致，斜缝数量不等，有的仅有 1 条（图 3-17），有的同时有多条（图 3-18），多伴随渗水、泛白迹象。

（2）病害的成因：该类横缝是在运营期产生并发展的，主要原因是梁端底板混凝土应力过大，包括但不限于空心板梁实心段端部倾斜，且倾斜方向、角度与斜缝的方向、角度相近。梁端腔内实心段与空心段的惯性矩差异大，当车辆轴载过大时，紧邻空心段一侧的剪应力过大而开裂，空心板梁内腔积水经由缝隙渗出。

（3）病害的危害：该类斜缝是底板局部剪应力过大的重要表现，结构的安全性已明显降低；渗水的裂缝还会引发钢绞线及钢筋的锈蚀。

图 3-17　梁端底板斜缝 - 单条　　　　图 3-18　梁端底板斜缝 - 多条

3.1.4 底板其他病害

1. 底板不密实

（1）病害的特征：空心板梁底板的不密实通常以蜂窝和空洞的形式表现，多存在于腹板附近的底板（图3-19）或底板宽度中部（图3-20）。蜂窝处外表面不密实而内部稍好，空洞处内外均无混凝土填充或底板仅有一薄层砂浆；不密实区域有大有小，最深的区域整个底板厚度范围内无混凝土。

（2）病害的成因：该类问题在施工期即已产生，原因包括但不限于局部混凝土流动性差且振捣不充分，经由腹板的混凝土未填满底板；气囊芯模侵入底板顶面较深，导致底板厚度偏小，混凝土无法填充狭小的底板宽度中部空间。

（3）病害的危害：蜂窝、空洞对结构物的影响很大，而此处钢筋和钢绞线因失去了混凝土的保护而锈蚀且不易被早期发现，对结构的耐久性和安全性也有较大影响。

图 3-19　底板近边缘不密实 - 蜂窝

图 3-20　底板宽度中部不密实 - 空洞

2. 底板混凝土剥落

（1）病害的特征：底板混凝土剥落有的分布于底板边缘（图3-21），有的存在于底板宽度中部（图3-22），在梁长度方向上没有分布规律，有的在梁端，有的在跨中；剥落面积有大有小，大的数十平方米，小的不足 1m^2；剥落深度一般介于 2～20mm，很少有超过 1 倍集料最大公称粒径的。

（2）病害的成因：空心板梁底板混凝土的抗冻、抗盐冻耐久性较差，在自然冻融、除冰盐侵蚀作用下浆体剥落。底板宽度中部的混凝土剥落，是腔内积水渗出至底板底面，底板边缘的混凝土剥落，多是桥面积水经由铰缝渗出至底板底面，使底板底面混凝土处于冻融循环或除冰盐环境中，导致表层浆体剥落。

（3）病害的危害：底板宽度中部的混凝土剥落，是腔内积水渗出至底板底面，同时该梁底板全厚度范围内的混凝土都遭受着冻融循环破坏，混凝土力学性能损失较严重，对结构的安全性影响较大；而底板边缘的混凝土剥落，多是表层混凝土的浆体剥落，短时间对结构的安全性影响不大，对结构的耐久性和适用性影响较大。

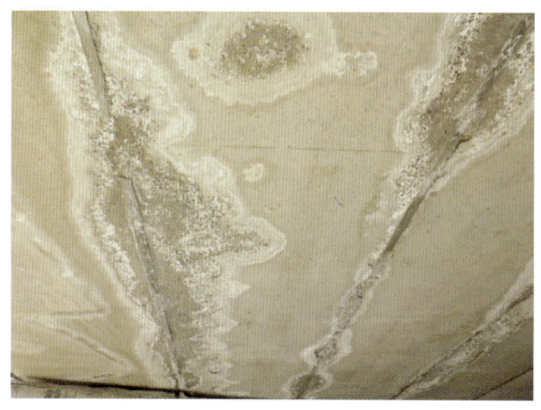
图 3-21　底板边缘混凝土剥落

图 3-22　底板宽度中部混凝土剥落

3. 底板边缘混凝土缺损

（1）病害的特征：底板混凝土缺损多存在于底板边缘，有的是双边缺损（图 3-23），有的是单边缺损（图 3-24），在梁长度方向上没有分布规律，有的在梁端，有的在跨中；缺损区域的长度有长有短，长的数米，短的不足 1m；缺损深度一般介于 3～10cm。

（2）病害的成因：该类缺损在施工期即已产生，原因包括但不限于空心板梁底板宽度局部偏大超过 1cm，吊装时与相邻空心板梁底板发生碰撞，导致两片梁的底板混凝土同时碰损，以底板上破损面积较大为特征（图 3-23）；若某一空心板梁的底板超宽较大，无法安装就位时，就需要将超宽部分人工凿除，混凝土缺损部位以深、窄为特征（图 3-24）。

（3）病害的危害：混凝土缺损部位的钢筋保护层厚度减小，甚至钢筋外露，对结构的安全性影响较小，对耐久性和适用性影响较大。

图 3-23　底板边缘双边混凝土缺损

图 3-24　底板边缘单边混凝土缺损

4. 底板钢筋锈蚀

(1) 病害的特征：底板钢筋锈蚀主要有两种表现形式，一种是底板外露的箍筋锈蚀（图 3-25），分布的位置比较随机，边板、中板、梁端、非梁端均有可能；另一种是底板主筋、箍筋锈蚀膨胀，保护层范围内的混凝土剥落（图 3-26），多发生在边板，尤其是靠近泄水管一侧的边板且往往伴随混凝土不密实（如蜂窝）等。

(2) 病害的成因：露筋和混凝土不密实在空心板梁施工期即已产生，钢筋锈蚀是其周边氧气和水分充足，若有除冰盐的参与，钢筋的锈蚀速度会明显加快。空心板梁底板局部箍筋外露，暴露面发生了钢筋锈蚀；靠近泄水管的边板，泄水管过短或者泄水管外壁密封不严，导致桥面积水（有时含有除冰盐）经由腹板流至底板，若腹板底部边缘混凝土不密实则会引起钢筋锈蚀，当锈蚀产物填塞不密实的空间后，便会引起钢筋周边的混凝土剥落和钢筋锈蚀。

(3) 病害的危害：若无外部水分持续供给，钢筋锈蚀较慢；若有外部水分持续供给，钢筋锈蚀非常快，锈蚀膨胀会引发表层混凝土顺筋开裂、局部剥落，引起更大范围的钢筋外露和更严重的钢筋锈蚀。对预应力梁板而言，钢筋锈蚀对结构的安全性有一定影响，对耐久性和适用性影响较大；对钢筋混凝土梁板而言，钢筋锈蚀尤其是主筋锈蚀，对结构安全性影响较大。

图 3-25 底板外露箍筋锈蚀

图 3-26 钢筋锈胀混凝土剥落

3.2 预制空心板梁腹板

运营期只能看到内外边梁的一侧腹板，其他腹板均不可见，腹板常见的病害包括竖缝、斜缝和纵缝等。

3.2.1 腹板竖缝

1. 近梁端竖缝

（1）病害的特征：该类竖缝分布于空心板梁端部，竖缝长度多大于空心板梁腹板高度且多小于空心板梁高度，有的较为竖直（图 3-27），有的略微倾斜（图 3-28），裂缝宽度多介于 0.2～3mm，裂缝最大深度与底板厚度和腹板厚度一致，多分布于梁端腔内实心段与空心段交界处，对应位置的底板同时伴有横缝。

（2）病害的成因：该类竖缝是在运营期产生和发展的，原因包括但不限于梁端实心段与空心段的惯性矩差异大，在车辆轴载过大时产生过大的剪力，紧邻空心段一侧的剪应力过大而开裂。

（3）病害的危害：该类竖缝是梁端剪应力过大的重要表现，空心板梁剪切裂缝的产生很突然，发展也很快，一旦底板出现贯通横缝，腹板竖缝便会很快出现并向上发展。一旦开裂，梁的抗剪承载能力将明显降低；底板渗水的横缝还会引发钢绞线和钢筋锈蚀。

图 3-27　梁端腹板竖缝和底板横缝

图 3-28　梁端腹板竖缝稍有倾斜

2. 近跨中竖缝

（1）病害的特征：该类腹板竖缝产生于空心板梁跨中附近，裂缝长度与空心板腹板高度接近（图 3-29），裂缝宽度多介于 0.02～0.2mm，裂缝最大深度与腹板厚度一致，裂缝的间距多为腹板箍筋间距的整数倍，腹板竖缝多伴随底板横缝（图 3-30）。这类裂缝多存在于建设年代比较早、梁高较矮、混凝土强度等级较低、钢绞线配置较少或重载交通多的桥梁。

（2）病害的成因：该类横缝是在运营期产生并发展的，主要是空心板梁的抗弯承载能力不满足实际交通荷载的要求，跨中附近底板混凝土拉应力过大引起，随着底板横缝不断向上发展，空心板梁的整体刚度也不断降低，腹板竖缝持续向上发展。

（3）病害的危害：该类竖缝是空心板梁抗弯承载能力不满足实际交通荷载的重要表现，结构的安全性已明显降低；腹板竖缝向上发展，会严重削弱梁板混凝土的整体性和抗弯刚度，同时竖缝还会引起竖向箍筋的锈蚀。

 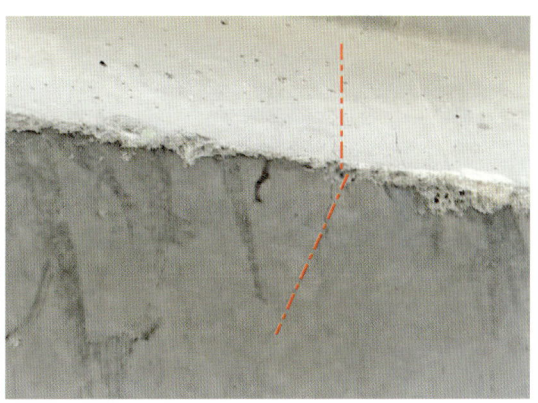

图 3-29　跨中附近腹板多条竖缝　　　　图 3-30　跨中腹板竖缝和底板横缝

3.2.2　腹板斜缝

1. 顺预应力孔道斜缝

（1）病害的特征：该类腹板斜缝的走向与预应力孔道的走向一致（图 3-31），裂缝长度一般介于 150～400cm，宽度一般介于 0.01～0.3mm，深度一般介于 4cm～t（t 为空心板梁腹板厚度）；单侧腹板的纵缝数量不超过该侧腹板中预应力孔道的数量，裂缝大多断断续续，有的梁板只有一端有该类裂缝（图 3-32）。

（2）病害的成因：该类病害是在运营期产生和发展的，原因包括但不限于压浆过程控制不规范，导致大量自由水富集于孔道的梁端附近，在冬季负温环境下，水结冰膨胀，导致腹板混凝土顺预应力孔道开裂，气温回升后冰融化，裂缝宽度较结冰时有所减小；若采用金属波纹管，往往会伴随顺裂缝的渗水泛白，但也不排除渗出物被雨水冲掉；若采用塑料波纹管，大多没有渗水泛白迹象。

（3）病害的危害：该类纵缝贯穿孔道之外甚至整个腹板厚度的混凝土，在孔道内自由水渗出之后，外界空气便会进入孔道内，在水分和氧气充足的条件下，高应力状态下的钢绞线极易锈蚀且锈蚀速度非常快。钢绞线一旦锈断，便会向两端回缩，空心板梁腹板较薄而不足以锚固住钢绞线,将严重危害结构的安全性。

图 3-31　梁端腹板斜缝

图 3-32　仅某一梁端有腹板斜缝

2. 梁端腹板斜缝

(1) 病害的特征:该类斜缝多分布于梁端 1m 范围内,单侧腹板仅有一条近乎于上下贯通的斜缝,自梁端底板支座附近斜向跨中方向的翼缘板发展,斜缝与水平方向夹角约 45°(图 3-33),腹板的斜缝与梁底板的弧形缝(斜梁为主)或横缝(正梁为主)相连(图 3-34)。裂缝长度一般介于 40cm ~ 1.4H(H 为空心板梁腹板高度),宽度一般介于 0.02 ~ 1mm,裂缝深度多与空心板梁腹板厚度一致。一般情况下,该类斜缝多产生于梁端仅封端而无实心段的空心板梁。

(2) 病害的成因:该类斜缝是在运营期产生和发展的,原因包括但不限于空心板梁的抗剪承载能力不满足实际交通荷载的要求,在车辆轴载过大时剪力过大而导致底板和腹板开裂。

(3) 病害的危害:该类腹板斜缝是梁端剪应力过大的重要表现,空心板梁剪切裂

图 3-33　梁端腹板斜缝(倾角约 45°)

图 3-34　梁端腹板斜缝(底板弧形缝)

缝的产生很突然，发展很快。一旦开裂，梁的抗剪承载能力将明显降低；渗水的裂缝还会引发钢绞线和钢筋的锈蚀。

3.2.3 腹板纵缝

（1）病害的特征：该类纵缝多分布于空心板梁底板顶面附近，近乎水平，但也有些许起伏，纵缝长度多与梁长接近（图3-35），宽度多介于0.02～1mm，裂缝深度多与空心板梁腹板厚度一致，纵缝处偶有色深斑点（图3-36）或渗水泛白迹象。

（2）病害的成因：先浇筑底板混凝土，然后装入内模，绑扎顶板钢筋后再浇筑腹板和顶板混凝土，导致底板顶面的混凝土和腹板的混凝土浇筑时间间隔较长，底板顶面的浮浆与后续浇筑的混凝土未实现良好的混合。保湿养生结束后，上下两层混凝土的干燥失水收缩不协调，加之梁内积水充满纵缝或者外部客水流经纵缝，在冬季负温时结冰膨胀，增大了纵缝的宽度，冻融循环导致纵缝表面的浆体剥落，使得纵缝看上去更加明显。

（3）病害的危害：该类腹板纵缝是施工期缺陷不断劣化的结果，纵缝会引发腹板箍筋锈蚀，影响耐久性与适用性，严重时会影响空心板梁底板和腹板的整体性。

图3-35 腹板纵缝-与梁等长　　　　图3-36 腹板纵缝-伴随渗水斑点

3.2.4 腹板其他病害

1. 钢筋锈胀

（1）病害的特征：空心板梁腹板的竖向钢筋（图3-37）或纵向钢筋（图3-38）发生

锈蚀、膨胀、混凝土剥落、露筋，该类病害多分布于桥面积水或"雨水"流经的部位，尤其是泄水管附近。发生锈蚀的钢筋，其保护层厚度大多偏小，甚至露筋。

（2）病害的成因：钢筋锈蚀的主要原因是钢筋接触到了氧气、水分或其他侵蚀性介质，以钢筋保护层厚度偏小或表层混凝土品质差为根本原因。桥面积水或雨水流经钢筋表面，提供了钢筋锈蚀必需的水分，随着时间的延长，锈蚀产物不断增多，又导致钢筋周边的混凝土剥落，使得更多的钢筋暴露于空气中，如此反复，锈蚀不断加重。

（3）病害的危害：钢筋锈蚀首先严重影响结构的耐久性与适用性，若是局部的个别箍筋锈蚀，影响结构的适用性而对结构的安全性影响不大；若是较大范围的钢筋锈蚀，则会影响结构的安全性。

图 3-37　竖向钢筋锈蚀

图 3-38　纵向钢筋锈蚀

2. 混凝土剥落

（1）病害的特征：空心板梁腹板的混凝土剥落主要有两种形式，一种是单纯的混凝土剥落（图 3-39），另一种是钢筋锈胀，保护层范围内的混凝土剥落（图 3-40）。该类病害多存在于桥面积水或雨水流经的部位，尤其是泄水管附近。

（2）病害的成因：单纯混凝土的剥落主要原因是混凝土品质差，遭受冻融循环、除冰盐侵蚀等作用产生的由外而内的破坏；而因保护层厚度偏小甚至露筋引发的则是钢筋锈蚀膨胀在先，然后引起钢筋周围的混凝土开裂脱落，钢筋周边混凝土的不断剥落增加了钢筋的暴露面，如此反复，直至钢筋全部锈蚀。

（3）病害的危害：由于是混凝土品质差导致的剥落，削弱了混凝土对钢筋的保护功能，会引起钢筋锈蚀，而保护层厚度不足便会直接引起钢筋锈蚀；两种情况都会影响结构的耐久性与适用性，若是局部个别的箍筋锈蚀，对结构的安全性影响不大。

图 3-39　混凝土剥落

图 3-40　伴随钢筋锈蚀的混凝土剥落

3.3 预制空心板梁翼缘板

仅内外边梁设置翼缘板，运营期翼缘板常见的病害有纵缝、横缝、渗水和钢筋锈蚀等。

3.3.1 翼缘板裂缝

1. 翼缘板根部纵缝

（1）病害的特征：空心板梁翼缘板根部纵缝（图 3-41），有的伴随渗水印迹（图 3-42），裂缝长度数米，有些甚至接近空心板梁的长度，裂缝宽度介于 0.2～3mm，在梁长度方向上没有明显的分布规律。

（2）病害的成因：该类裂缝是空心板梁施工期间即已产生，原因包括但不限于混凝土浇筑期间侧面模板晃动幅度过大、拆模时混凝土强度偏低、拆模不规范导致翼缘板根部受力过大；桥面积水或雨水从外部进入纵缝，并将裂缝界面处的氢氧化钙带至表面形成泛白迹象。

（3）病害的危害：根部仅有纵缝而无其他病害的翼缘板，安全性降低不明显；若纵缝处持续渗水且水从翼缘板根部正上方流出，易引发纵缝处的钢筋锈蚀，严重影响结构的耐久性与适用性。

图 3-41　翼缘板根部纵缝　　　　　图 3-42　翼缘板根部纵缝伴随渗水印迹

2. 翼缘板横缝

（1）病害的特征：该类横缝多分布于翼缘板边缘设置滴水沿的边板，有些伴随泛白印迹（图 3-43），有些持续渗水泛黄（图 3-44）。裂缝长度大多介于 20cm～L_1（L_1 为该侧翼缘板宽度），裂缝宽度多介于 0.1～1mm，有泛白迹象的横缝必有局部已经贯穿翼缘板厚度，但不一定裂缝全长度都贯通，该类裂缝在梁长度方向上没有明显的分布规律，但裂缝间距一般是翼缘板横向钢筋间距的整数倍。

（2）病害的成因：该类横缝为施工期产生，主要是混凝土振捣或拆模过程中由对翼缘板外露钢筋的扰动引起，包括但不限于翼缘板底部滴水沿处凸起与翼缘板横向钢筋紧贴，混凝土振捣或拆模过程中引起翼缘板横向钢筋周边混凝土的扰动。梁板养生水或顶板积水从翼缘板顶面渗至底面，将氢氧化钙携带至翼缘板底面水分挥发后，氢氧化钙结晶或遇二氧化碳后变成碳酸钙，形成泛白迹象。

图 3-43　翼缘板横缝 - 伴随泛白印迹　　　　图 3-44　翼缘板横缝 - 持续渗水泛黄

(3) <mark>病害的危害</mark>：翼缘板混凝土在早龄期遭受钢筋扰动而出现贯通性裂缝，随着胶凝材料的进一步水化反应，裂缝区域的混凝土强度有一定程度的恢复，但不能完全愈合。仅有顺裂缝泛白而无渗水的横缝，对结构的使用性能影响很小；持续渗水的翼缘板横缝，其周边桥面铺装的防水功能已经失效，横缝处的钢筋便会锈蚀。

3.3.2 翼缘板钢筋锈蚀

(1) <mark>病害的特征</mark>：空心板梁翼缘板的钢筋锈蚀主要有两种，一种是个别外露钢筋锈蚀（图 3-45），另一种是较大范围的钢筋锈蚀（图 3-46）。钢筋锈蚀的范围、位置都比较随机，除了钢筋锈蚀之外，常伴随混凝土剥落。

(2) <mark>病害的成因</mark>：钢筋锈蚀的主要原因是钢筋接触到了氧气、水分或其他侵蚀性介质，以钢筋保护层厚度偏小或表层混凝土品质差为根本原因。对于无滴水沿构造的空心板梁，一旦翼缘板底钢筋保护层厚度偏小，则钢筋锈蚀极易发生；对于设置有滴水沿构造的空心板梁，大多是翼缘板处混凝土不密实或有原生缺陷，桥面积水经由沥青铺装、水泥混凝土铺装以及桥面防水层，渗透至翼缘板整个厚度范围，引起翼缘板底面钢筋锈蚀膨胀。

(3) <mark>病害的危害</mark>：钢筋锈蚀首先严重影响结构的耐久性与适用性，若是个别外露钢筋的锈蚀，对结构的安全性影响不大，若是较大范围的非外露钢筋锈蚀，则对结构的安全性影响较大。

图 3-45　翼缘板个别钢筋锈蚀　　　　图 3-46　翼缘板较大范围钢筋锈蚀